PHP
Business Shinsho

# 戦略的思考トレーニング

## 目標実現力が飛躍的にアップする37問

Ken Misaka
三坂 健



PHPビジネス新書

## はじめに

いきなりですが、問題です。


【演習問題】

知り合いの高校生から
「ハリウッドスターになりたいのだけど、どうすればなれる？」

と質問されたとしましょう。

あなたなら、どのように答えますか？


「まず英語を頑張ってみようか！」

「やっぱり演技力をつけないとね。まずは日本の劇団に入って頑張ってみたら？」

「先人がどうやってスターになったのかを調べて、同じことをすれば？」

「ＹｏｕＴｕｂｅに投稿しまくったら、誰か観てくれるのでは？」

「あれこれ考える前に、アメリカに行ったら？」

……


こうした答えが思い浮かぶかもしれません。

確かに、どれもアドバイスとしては成立しているように見えます。

しかし、効果的なアドバイスになっているでしょうか？


これらの回答には、共通して欠けている視点が二つあります。

一つ目は、**目標実現までのシナリオがない**こと。

そして二つ目は、**分析が不足している**ことです。

本書を手にとってくださったあなたは、「戦略的思考」に関心をお持ちのことでしょう。

実は、この二つは、戦略的思考が欠けている人に一般的に見られる特徴です。

「どうやったらハリウッドスターになれるか？」という質問に的確に答えるには、ハリウッドスターになるまでの道のりを「線」として示す必要があります。しかし、先ほどのアドバイスはすべて、その道のりの一部である「点」しか伝えていません。これでは、例えば「あれこれ考える前に、アメリカに行ったら？」というアドバイスに従って渡米したものの、「このあと、どうすれば？」と途方に暮れる、といったことになるでしょう（「そんなの自分で考えろ！」ということだと思いますが……）。

これが、一つ目の「目標実現までのシナリオがない」ということです。

二つ目の「分析が不足している」というのは、例えば、「ハリウッドはどういう俳優を求めているのか？」といったことを考えていないということです。これがわかっていたほうが、できるだけ近道でハリウッドスターになるシナリオを描きやすくなります。

仮に質問者が日本人だとしたら、「ハリウッドは日本人の俳優にどのようなニーズを持っているのか？」も分析するべきでしょう。「競合はどういう人たちなのか？」という視点も大切です。中国や韓国の俳優とも競合する可能性があります。

このような分析をして、ハリウッドが求めるニーズを知ったうえで、他の人にはない特徴を備えることが、俳優として起用される第一歩になるかもしれません。

まさに、孫子の兵法でおなじみの「彼を知り己を知れば百戦殆《あや》うからず」です。

　このフレーズは多くの人が知っていますが、実際にこのように考える人は稀《まれ》です。

　私は、経営コンサルタント業務の傍《かたわ》ら、「戦略的思考力」の強化を目的とした研修も、数年にわたって毎月実施しています。この研修には、実に様々な業種の、数多くの企業の方々が参加されます。そのことからも、幅広い方々が戦略的思考に関して問題意識を持っていることが窺《うかが》えます。

　こうした背景から、戦略的思考を鍛えることを目的に、本書を執筆することにしました。

「戦略」は、第1章でも説明するように、もとも

図表0-1 彼を知り己を知れば百戦殆《あや》うからず

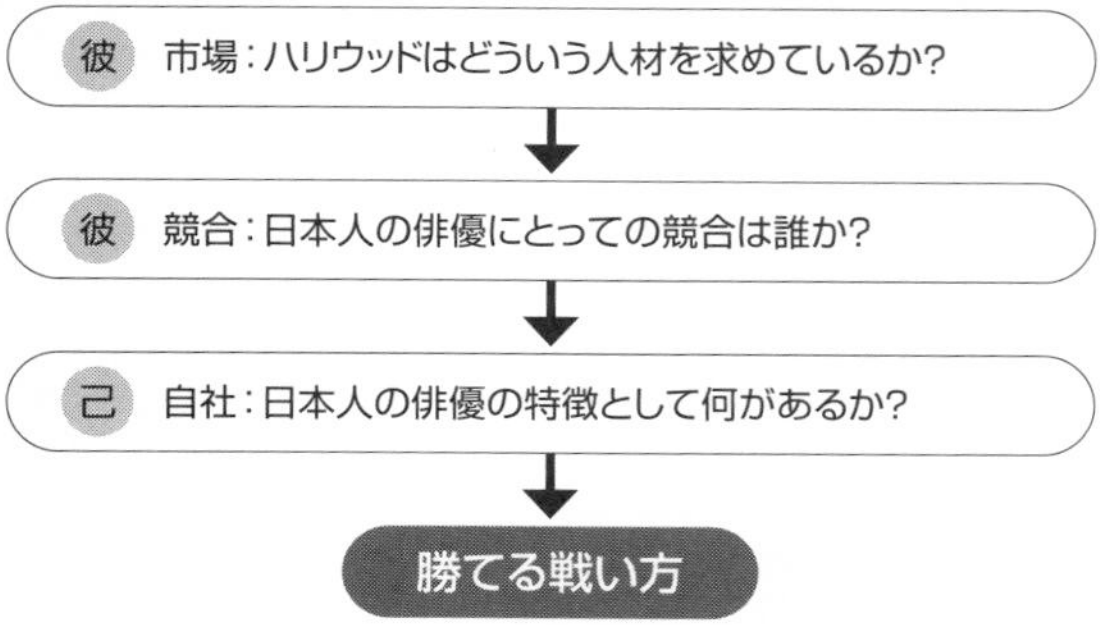

彼 市場：ハリウッドはどういう人材を求めているか?
彼 競合：日本人の俳優にとっての競合は誰か?
己 自社：日本人の俳優の特徴として何があるか?
勝てる戦い方

とは戦争で勝つためのものでした。しかし、現代においては、企業やチーム、あるいは個人が、目標を実現するためのものです。

目標を実現する人は、行き当たりばったりではなく、戦略を描いて行動しています。


あなたは、どのような背景やねらいで、本書を手にとってくださったのでしょうか。

企業の中枢《ちゅうすう》で経営戦略を立案する立場にいるのでしょうか。

それを支援するコンサルタント職に従事されているのでしょうか。

企業ではなく、スポーツチームの監督やキャプテンかもしれません。

そうではなく、個人として目標を持っていて、それを実現したいと考えているのかもしれません。

本書は、そのような方々全員に共通して必要な、戦略的思考の基礎をお伝えします。


戦略的思考とは「目標を実現するための思考」です。ですから、目標がない、または、あっても実現しようとしていなければ、戦略的思考は前提から崩れてしまいます。

月並みな言い方ですが、**戦略的思考の起点には「強い想い」がある**と、私は考えています。

何かを成しとげたい強い想い。目標に対するこだわり。実現したい夢……。こうした対象が存在するからこそ、それを実現する戦略が必要になりますし、シナリオを描き、対象を分析する必要が生まれます。

**戦略的思考は、「目標に対して強い想いを抱き、それを実現する人のための思考」**ということができます。

私の好きな経営者の一人に本田宗一郎氏がいます。

本田宗一郎氏は、本田技研工業を創業後、「日本一」を目標に掲《かか》げ、社員を引っ張り、経営をしていました。しかしながら、うまくいかない事態が続き、いよいよ目標を変えざるを得なくなりました。

その際に社員に対して言い放ったとされる言葉が、「日本一になろうなどと思うな。世界一になるんだ」というものでした。目標を下げるどころか、その頃誰も口にしなかった「世界一」を目標に据《す》えたのです。

すると、それまで「日本一」という目標を実現するために描いていた戦略も変わり、英国のマン島で行われているオートバイレースへの出場を決めました。そして、優勝までに

7年の月日がかかりましたが、1961年、125ccと250ccのクラスで1位から5位を独占し、日本に凱旋《がいせん》したのです。

強い想いを軸に、目標実現までのシナリオを描く。しかも、第2章で述べるように、使えるリソースが限られた中で、そのシナリオを描く。これが戦略的思考であり、本書を手にとったみなさまと分かち合いたい考え方です。

なお、本書は私の名前で執筆していますが、いつも一緒に仕事をしているHRインスティテュートのメンバー、クライアントのみなさま、パートナー企業、個人のみなさまとの対話の末に導かれたものです。この場を借りて、日々の感謝をお伝えできればと思います。

では、始めましょう。

２０２１年10月

三坂　健

戦略的思考トレーニング
目標実現力が飛躍的にアップする37問
目次

第2章

# 「アウトサイド・イン」で考えよう

## 第3章 努力に依存しないシナリオを描こう



## 第4章 理感一致で人を動かそう

第5章

## 戦略的にロードマップを展開しよう

第1章

# 戦略的思考とは「強い想いを実現するための思考」である

# そもそも「戦略」とは？

**【演習問題】**
そもそも「戦略」とは何でしょうか？

「戦略とは何ですか？」という質問をよくいただきます。

ここでは、本書を読み進めていただくために、そもそも「戦略」とは何か、という点についいて考えてみましょう。

「戦略」という言葉を辞書で調べると、次のように解説されています。

せん‐りゃく【戦略】

1　戦争に勝つための総合的・長期的な計略。↓戦術
2　組織などを運営していくについて、将来を見通しての方策。「経営戦略の欠陥」「戦略的人生論」「販売戦略を立てる」
［補説］具体的・実際的な「戦術」に対して、より大局的・長期的なものをいう。
『デジタル大辞泉』小学館

一つ目の意味、つまり本来の意味には、次の三つの要素が含まれています。

●戦争
●勝つ
●総合的・長期的な計略

ただ、「戦争」や「勝つ」といった言葉の定義は、時代とともに変遷《へんせん》をとげてきています。

実際の戦争とビジネスは異なります。もちろん、ビジネスでは競合に勝つことも時に必要ですが、市場が飽和《ほうわ》している中で、昔よりもその必要性は薄まっており、むしろ、市場そ

のものを開拓《かいたく》したり広げていったりすることが求められています。

ですから、私たちは、「戦争」や「勝つ」という言葉の意味を読み替える必要があります。

次のように解釈をしてみてはどうでしょうか。

●戦争　↓　人生やビジネスそのもの
●勝つ　↓　納得のいく結果を得る。目標を実現する
●総合的・長期的な計略　↓　結果を得、目標を実現するための計画(シナリオ)

すると、「戦略」は、次のような定義に落ち着きます。

戦略とは
人生やビジネスにおいて、納得のいく結果を得、目標を実現するためのシナリオ

## 「戦略」と「作戦」「戦術」の関係

「戦略と戦術との違いは？」という質問もよくいただきます。

そこで、次に「戦略」と「作戦」「戦術」の関係について触れたいと思います。


**戦略が「目標実現に向けたシナリオ」なのに対して、そのシナリオの中に位置付けられる各プロジェクトが「作戦」です。そして、その各プロジェクトを成功に導く戦い方を「戦術」と表現します。**


スポーツを例にあげてみましょう。

サッカーのクラブチームが、「クラブワールドカップに優勝して、世界一のクラブチームになる」という目標を持っている場合、「戦略」はこの目標を実現するシナリオを意味します。

クラブワールドカップに出場するためにはＡＦＣチャンピオンズリーグでトップにならなければならず、ＡＦＣチャンピオンズリーグに出場するためには、Ｊ１で上位に入るか（1位か2位なら本大会出場、3位ならプレーオフ出場）、天皇杯で優勝しなければなりません（その他、前年度のＡＦＣチャンピオンズリーグで優勝していればプレーオフに出場

**図表1-1 「戦略」と「作戦」「戦術」の違い**

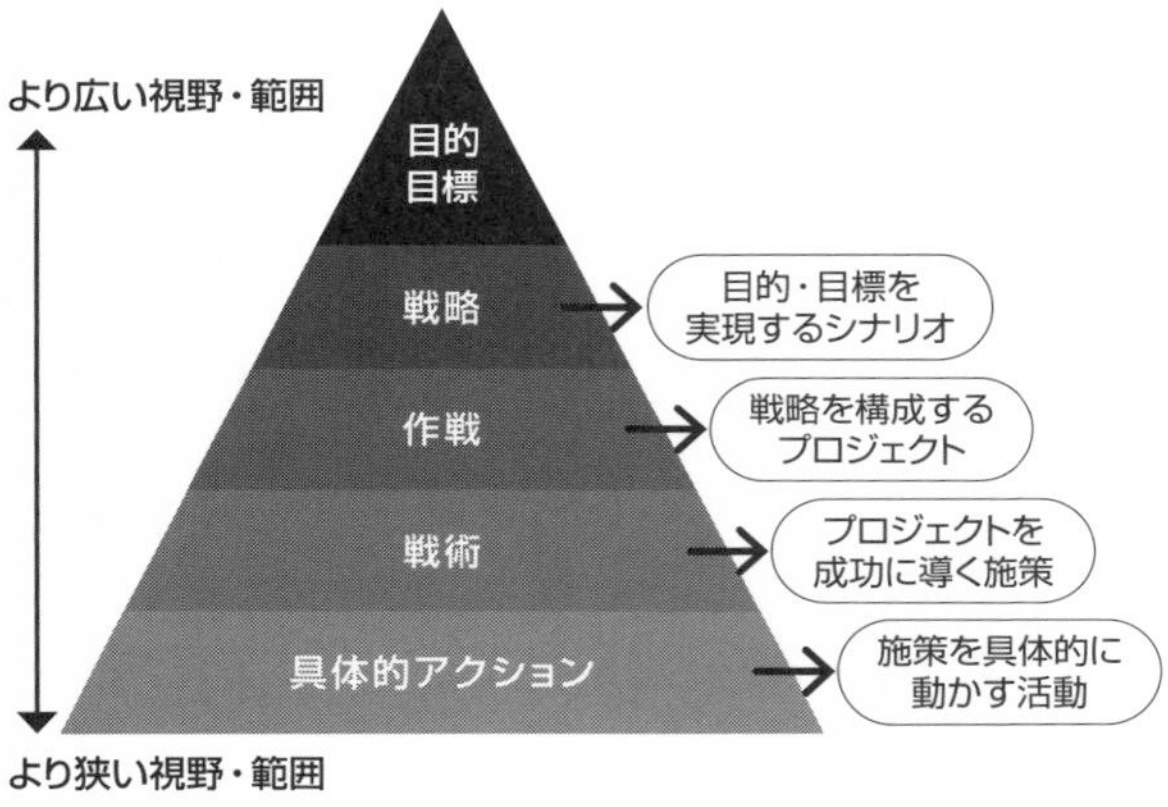


できる）。そこで、ＡＦＣチャンピオンズリーグで優勝することや、Ｊ１で上位に入るか天皇杯で優勝することが、「作戦」ということになります。

そして、ＡＦＣチャンピオンズリーグやＪ１、天皇杯の、１試合、１試合を勝ち抜くために何をするか、どう戦うか、というのが「戦術」です。

**戦略、作戦、戦術は、目標がどのスケールやレイヤーに位置付けられるかによって変わってきます。**目標が「世界一」であれば、そこに向けたシナリオが戦略になります。「Ｊ１優勝」が目標であれば、それを果たすためのシナリオが戦略となります。

目標の位置付けが、戦略、作戦、戦術に影響を及ぼすのです。

関係者間で目標の認識がズレている場合、当然のことながら、戦略のズレを引き起こします。クライアントの会議に参加すると、よく目《ま》の当たりにするのが、次のようなやりとりです。

上司「君がプレゼンしてくれたのは、戦略ではなく、戦術だね。私は戦略の話が聞きたい」
部下「いえ、私はこれを戦略だと考えて提案させていただいたのですが……」

こうしたズレは、そもそも上司と部下が置いている目標、すなわち「こうありたい」という状態の認識がズレていることから生じます。

では、ここで演習問題です。

【演習問題】

ある自動車用部品メーカーが次の目標を立てています。a～cは、「戦略」「作戦」「戦術」のどれに該当するでしょうか？

●目標：5年後までに世界一の部品メーカーになる（世界シェア40％以上）

a　電気自動車向けの最も安価で高品質な電動パーツを開発する

b　国内最大手メーカーへの納入実績を武器に、今後、飛躍的な電気自動車の需要増が見込まれる中国にリソースを集中。その後、新興国にも展開する

c　安価で高品質な電動パーツを開発するために、国内の既存工場のラインを大幅に入れ替える

いかがでしょうか？

正解をお伝えすると、

- **戦略はｂ**
- **作戦はａ**
- **戦術はｃ**

となります。

まず、戦略は、目標である「世界一のシェア」に到達するシナリオです。そのスケールと時間軸で書かれているのはｂですね。

次に、作戦と戦術の見極めです。

作戦はプロジェクトであるのに対し、戦術はそのプロジェクトを効果的に進める方法でした。作戦のほうが戦術よりも広範囲の取り組みで、戦術は作戦の一部に位置付けられます。

ａとｃでは、どちらのほうが、範囲が広いといえるでしょうか。ａのほうが範囲が広く、その具体策としてｃが位置付けられる、ということがわかると思います。

目標実現のための取り組みを考えるうえでは、いきなり細かい戦術を考えるのではなく、**まずは大きな戦略から考え、次第に具体的な内容を詰めていく**、ということが欠かせません。

よく見られるのが、一番大きなシナリオである戦略が議論されないまま、次の段階の作戦や具体的な戦術に話が展開してしまうことです。

戦略がないのに作戦や戦術だけが展開されてしまうと、結果として、作戦や戦術が評価されても組織の目標が達成されないという矛盾《むじゅん》が生まれてしまいます。

まずは大きな戦略を描き、その中に、プロジェクトとしての作戦、そして具体的な戦術を描くようにしてください。

## 戦略は「カスケードダウン」で組織に展開する

上位部門が立てた戦術は、その下に位置付けられる部署の目的・目標となり、その部署の戦略につながります。そして、その戦略から展開する戦術は、その下に位置付けられる部署の目的・目標となり、さらに戦略が立案されます。

このように、目標と戦略が段階的に落とし込まれる様子を「カスケードダウン」といいます。USJを立て直した立役者《たてやくしゃ》として有名な森岡毅《つよし》氏の著書『USJを劇的に変えた、たった1つの考え方』（KADOKAWA）で解説されていて、戦略を組織で展開するうえで役に立つ考え方です。カスケードダウンでしっかりと戦略を展開することで、組織の上位方針が絵に描いた餅《もち》にならずに実行されることになります。

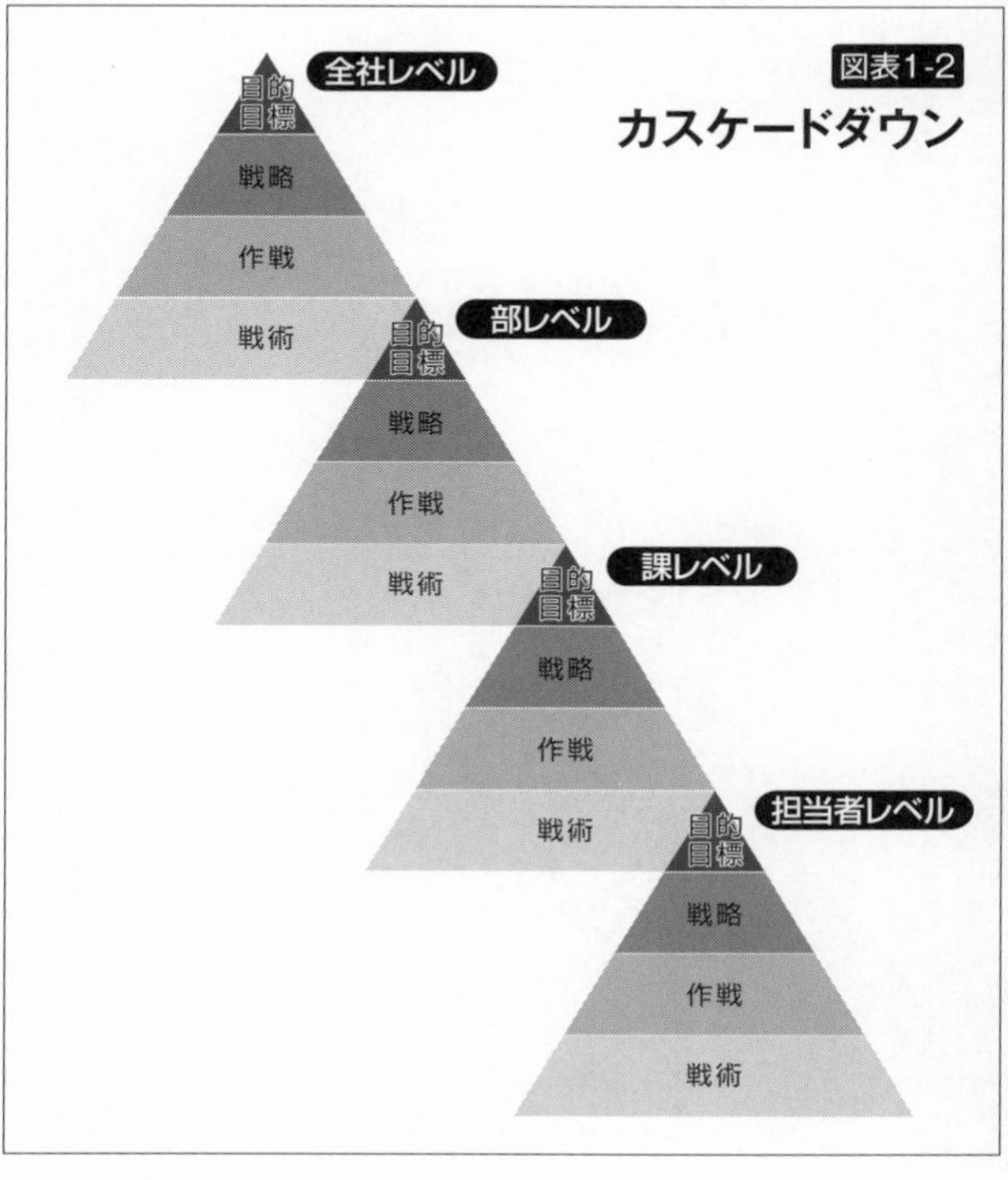


図表1-2
カスケードダウン

**【演習問題】**

次の例では、戦略が正しくカスケードダウンされているでしょうか？　誤りがある場合は、指摘してください。

《全社レベル》

●目的：世界中に品質の優れた日本製のとある電子部品を普及させることを通じ、社会に貢献する

●目標：2025年までに国内シェアNo.1を実現し、海外進出を果たす

●戦略：国内シェアNo.1に向けて、東日本市場においてシェアNo.1を維持しつつ、シェアがNo.3にとどまっている西日本市場にリソースを配分する

●作戦：西日本市場におけるM&Aの展開と販路の拡大

●戦術：西日本市場で有力なポジションを獲得している電子部品メーカーAの買収検討、及び商社Cとの提携交渉

《西日本支店レベル》

●目標：西日本市場で営業人材の確保と育成を進める
●戦略：有力な人材を集めることのできる人材紹介会社との接点を作り、関係性を高める

全社レベルで、目的・目標に従って、戦略、作戦、戦術が展開された後、本来であれば、**全社の「戦術」が部・支店の「目標」に位置付けられるべき**ですが、そうなっていません。それにより、カスケードダウンが適切に機能していません。

正しくは、西日本支店の目標は、次のような内容であるべきです。

●西日本支店の目標：西日本市場で有力なポジションを獲得している電子部品メーカーAの買収検討、及び商社Cとの提携交渉

このように、上位部門で打ち立てられた戦術が下位部門の目標に位置付けられ、下位部門の戦略と連動していく関係性が構築されることで、組織全体が同じ方向に向いて動くこ

とができます。

もちろん、すべての目標が上位部門から降りてくるということではなく、上位部門の方針を踏まえて、部署ごとに設定される目標も必要です。しかしながら、全社レベルの戦略は、しっかりとカスケードダウンで展開し、現場での実行につなげていくことが求められます。

カスケードダウンの際には、言葉がとても重要です。**部署ごとの目標や戦略が上位部門の方針を踏まえて立案されているかどうかを、言葉の表現も含めて確認してください。**

## 「戦略」と「戦略論」の関係

**【演習問題】**

「戦略」と「戦略論」の違いは何でしょうか？


ここまで、戦略の定義、そして作戦と戦術の位置付けについて解説をしてきました。

繰り返しますが、戦略とは、目標を実現するためのシナリオを意味します。戦略を考えるということは、目標と現状とのギャップを把握したうえで、実現するまでのシナリオを考えることです。

その際に大切な視点が二つあります。

一つ目は、そのシナリオが**目標を実現するスケール、インパクトを備えている**ものであること。そして二つ目は、**より「効果的に」実現につながる**シナリオであることです。

こうした戦略を考えるうえで役に立つのが、**過去に展開された戦略を知る**ことです。過去の事例や競合、他業種、他部署の事例や取り組みを参考にすることでシナリオを描きやすくなります。詳細は第3章で解説しますが、こうした過去の事例をヒントに戦略の立て方を教えてくれる存在が「戦略論」です。

**「戦略論」とは、過去の戦略から成功・失敗の傾向を踏まえて導かれた戦い方、勝ち方のパターン**です。古くは「孫子の兵法」に始まり、「クラウゼヴィッツの戦争論」や「ランチェスターの法則」、ハーバード大学の教授であるM・E・ポーターの「競争戦略論」などが代表例です。

こうした「戦略論」を知ることは、効果的な戦略を描くうえで役に立ちます。

戦略論はあくまでヒントを教えてくれるものです。当事者が戦略を考えるうえで助けになるものですが、戦略論を知らなくとも、戦略を考え、実行することはできます。

**図表1-3 戦略とは目標を実現するためのシナリオ**

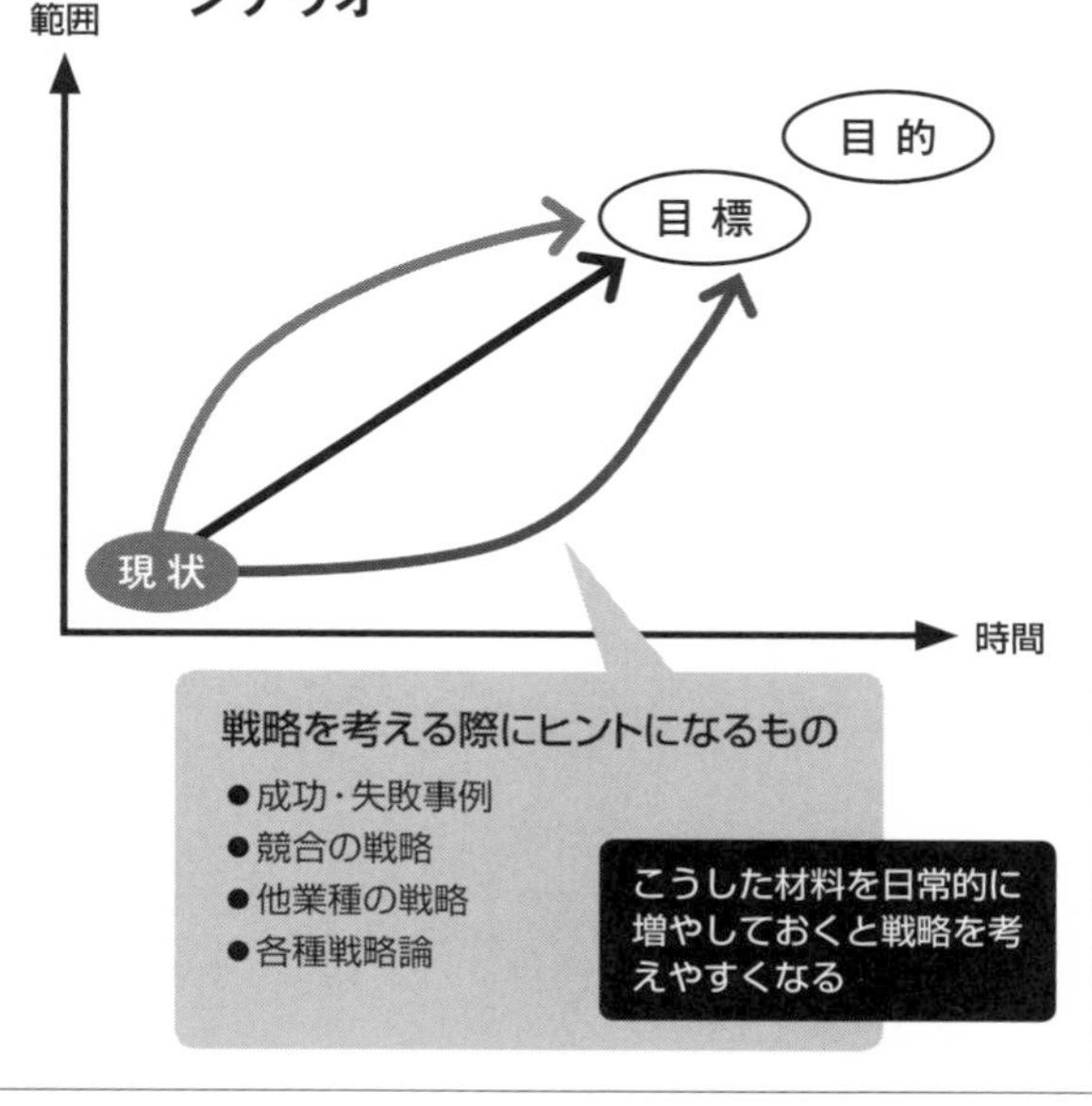

また、戦略論に単にあてはめるだけでは、過去に展開された既視感のある戦略や、他社も展開する公約数的な戦略しか得られないというリスクもあります。

しかし、歴史に学ばず、戦略の定石《じょうせき》をまったく知らないというのもリスクです。

本書では戦略論を一つひとつ取り上げて解説することはしませんが、第3章で定石の一部を紹介しています。戦略論にまったく触れたことがないという方は、一度、書籍やインターネット上のコンテンツを通じて、主要な戦略論に触れることをお勧めします。

大切なのは、戦略論や他社の成功例にあてはめればいい、ということではなく、あくまで、**戦略を自ら考えることが主であり、戦略論や他社事例はその思考や行動の助けとなる存在**、という理解をしておくことです。

## 起点になるのは「強い想い」

ところで、本書は「戦略的」に考える力を鍛えることを目的にしています。

「戦略」と「戦略的」では、どのように意味が変わってくるでしょうか？

「的」という言葉は、論理的、知的、分析的、総合的、部分的、短期的、中長期的……など、ビジネスでよく用いられます。これらを見ると、「的」がつくと、その状態や様《さま》を表すことがわかります。

ですから、戦略に「的」が加わると、次のように意味が変わるといえるでしょう。

戦略とは
人生やビジネスにおいて、納得のいく結果を得、目標を実現するためのシナリオ

戦略的とは
人生やビジネスにおいて、納得のいく結果を得、目標を実現するためのシナリオを思考・実行している状態

戦略「的」とはどういうことかをイメージするうえでは、実際にこのような状態にいる人を思い浮かべてみるといいでしょう。経営者、組織のリーダー、スポーツ選手、タレン

ト、政治家、YouTuber……、誰でも構いません。
戦略「的」に考え、行動している人を観察する（もし可能なら、実際に会って話を聞いたり、一緒に働いたりする）ことで、多くのことを学びとることができます。

**【演習問題】**
では、実際に人物を複数人、思い浮かべてみましょう。
その人たちの思考パターン、行動パターンに共通することは何でしょうか？

いくつかの共通項に気づいたでしょうか？
私は、コンサルタントとして駆け出しの頃、戦略的な思考を鍛えるためにいくつかのトレーニングを自分に課しました。そのうちの一つが「経営者の本をひたすら読むこと」でした。

松下幸之助、本田宗一郎、藤沢武夫、井深大《いぶかまさる》、盛田昭夫、小倉昌男、稲盛和夫(敬称略)など、日本を代表する経営者の方々が書き下ろしたり、実際にお話しされたりした言葉に耳を傾けました。海外の経営者も含め、できるだけ多くの方の考えに触れました。経営者の語る内容はとてもエキサイティングで、大変面白く、1日1冊ぐらいのペースで、かじりついて読みました。

そこから多くの学びや気づきを得ました(余談ですが、おかげで、数年後に『日経ビジネスアソシエ』という雑誌から「名経営者に学ぶ」という趣旨の特集記事で声をかけていただくきっかけを得ました)。その際に見えてきた「戦略的に考える人」の共通項は多々あります。

論理的思考ができている。目標が明確。人想い。大胆《だいたん》さと緻密《ちみつ》さを併《あわ》せ持つ。大局を見て小局を動かす。自ら率先することで人を動かす。時に腹黒いともいわれる、したたかな判断をする……。

その中で、最も多くの人に共通していることがありました。それは、

## 目標を実現することへの「強い想い」を抱いている

ということです。

「何だ、そんなことか……」といわれてしまうと思いますが、なぜ、ダラダラと惰性《だせい》的、場当たり的に考えるのではなく、あえて戦略的に考えるのかといえば、自分自身の「役割」を自覚して、「目標」を具体化し、実現することへの「想い」を抱いているからです。

「想い」がない、あるいは、あっても長続きしなければ、戦略は必要ありませんし、途中で途絶えてしまいます。

**戦略とはシナリオです。シナリオは道筋です。**

**つまり、実現したい目標への「道」が戦略です。**

実現すること自体に強いこだわりがなければ、道を描こうとも、道を歩もうとも思わないでしょう。

戦略的な人に共通することの根幹は、目標実現への「強い想い」の存在です。

あなたの目指す目標は何でしょうか？

その背景には、どのような役割や目的がありますか？

そこに強い想いを向けられているでしょうか？

それが、戦略を考える起点となります。

戦略的であるとはどういうことかを知るうえで、もちろん理論を学ぶことも大切です。しかしまずは、身近な人、実際の人物から、戦略的であるための要素を抜き出すことをお勧めします。材料は身の回りにたくさんあります。

## 「問題解決的思考」のサイクルから抜け出そう

戦略的な人の考え方に触れることでわかることは、他にも多々あります。

さらに理解を進めていただくために、「戦略的思考」を「問題解決的思考」との対比で解説しましょう。


**【演習問題】**

「戦略的思考」と「問題解決的思考」の違いを考えてください。どのような要素があるでしょうか？

いかがでしょうか。

それぞれの言葉に、何となく異なる印象を持たれるのではないかと思います。

人によって解釈が異なりますし、職場によっても言葉の使われ方に違いがあるかもしれませんが、次のような違いがあげられるでしょう。

●戦略的思考……目標から考える。建設的。中～長期的。目標の実現までのシナリオ

●問題解決的思考……問題から考える。分析的。短期的。問題の解決までのシナリオ

着目したいのは、思考の「入口」「過程」「出口」の三つです。

戦略的思考は、

**●入口：目標**

●過程：中～長期的
●出口：目標の実現

であるのに対し、

問題解決的思考は、

●入口：問題・現象
●過程：短期的（すぐに解決が求められることが多いため）
●出口：問題の解決

となります。

このように示すと、普段、あなたが従事している仕事の割合がどちらに傾いているか、想像できるのではないでしょうか。

私がヒアリングできる範囲でビジネスパーソンにうか

図表1-4 「戦略的思考」と「問題解決的思考」

| 戦略的思考 | 問題解決的思考 |
| --- | --- |
| 目標から考える | 問題・現象から考える |
| 中～長期的 | 短期的 |
| 目標の実現がゴール | 問題の解決がゴール |

がうと、多くの人が「1：9」や「2：8」で問題解決的思考の割合が高いと回答されます。

それは悪いことではなく、日々の業務を考えれば、とても自然なことです。私たちの業務は、日々、問題解決を繰り返すことで成り立っているからです。目の前の問題を解決することで対価を得ている仕事は少なくありません。

もちろん、これ自体を否定するものではありませんし、しっかりとした戦略のうえで日々の問題解決が行われるのが理想です。

しかしながら、戦略を持たずに問題解決を繰り返している、というケースも存在します。本書の目的である「戦略的思考をトレーニングする」という見地からいえば、まずは、この「問題解決的思考」のサイクルから抜け出していただく必要があります。

日々の業務における自身の思考の割合を考えてみましょう。

もし、先ほどの一般的な回答と同じように、1：9や2：8といった割合に傾いていたら、少しでも戦略的思考の割合をあげる意識を持って行動することから始めてください。具体的には、**意図的に「戦略的な思考や行動」に費《つい》やす時間を創《つく》り出す**ことをお勧めします。私の場合は、金曜日の午後から土曜日の午前中は戦略的思考に最適だと考え、意図的にそのために時間を費やすようにしています。1日の中で、終業時間前1時間を戦略的な思考や行動にあてる、というのもいいかもしれません。

このように、意図的に時間を創出して思考を切り替えることが、戦略的思考の土台を作るうえで肝心《かんじん》です。

もちろん、習慣として長続きさせるためには、先ほど言及したように、「強い想い」を備えている必要があります。

さて、多くの人が問題解決に時間を割《さ》いている状態だとすれば、誰が戦略を考えているのでしょうか。

もちろん、経営者や経営企画室の社員、戦略立案担当といった一部の人が考えているということでしょう。

または、誰も考えていない、ということもあるかもしれません。船頭がいない船で、船員が一生懸命問題解決を繰り返していても、目的地に辿《たど》り着くはずがありません。

もし、あなたの所属する組織に「戦略が不在」ということであれば、おそらく、戦略的思考に時間をあてる役割や仕組みが不足しているということでしょう。まずは、そこから変えてみることが必要かもしれません。

組織の話になりましたが、あなた個人はどうでしょうか。

日々の問題解決に追われて、本当に実現したい目標についてじっくり考え、行動することを、後回しにしていませんか？

私も含め、多くの人にとって耳の痛い質問ですが、この問いに真摯《しんし》に向き合い、まずは意識を傾けて、時間を創出することから、戦略的思考が始まるのです。

## なぜ「戦略的思考」が必要なのか？

なぜ、私たちは、戦略的思考のために時間を割き、戦略的思考を実践しなければならないのでしょうか。目標実現への強い想いとは別の角度からも、私の解釈も含めて、説明しましょう。

例にあげるのは、自動車業界です。

**【演習問題】**

自動車業界は、今、「100年に一度の大変革期」に直面しているといわれています。それは、どんな変化でしょうか?

また、100年前に起こった変化とは、どういうものだったでしょうか?

まず、100年前に起こった変化についての答えは、**ヘンリー・フォードが起こした革命**です。

彼は、1908年に、T型フォードを世に出しました。色はすべて黒、部品も共通化され、ベルトコンベアを備えた工場のラインで組み立てられるという、それまでになかった自動車の誕生は、現代に続く大量生産、大量消費のビジネスの基盤を創り出しました。

それだけでなく、工場で働く労働者の生産性を飛躍的に向上させ、賃金が高まったことで、社会構造をも作り替えた大変革でした。

自動車業界は、その後、100年にわたり、フォードによって創られたこのビジネスモデルを拡大再生産し、改善に次ぐ改善を行うことで進化させ、飛躍的な成長をとげてきました。

しかし、**今、この延長線上ではない、新しいビジネスモデルへの変革が求められています。**それが「１００年に一度の大変革」といわれているものです。

多くの方がご存じの通り、ＣＡＳＥ（コネクティッド、自動化、シェアリング／サービス、電動化）という標語に表される、テクノロジーや自動車の利用形態、インフラの変革が、同時に起こっているのです。

このようなときにこそ、戦略的思考が求められます。

戦略的思考の必要性を考えるうえで参考になるのが、既に変革をとげている通信業界です。固定電話から携帯電話に置き換わった当初は、日本の主要電機メーカー各社がこぞってハードの開発を行い、通信会社が主導するかたちで、いわゆる「ガラケー」の市場が出来上がりました。

しかしながら、よくご存じのように、Ａｐｐｌｅが開発したｉＰｈｏｎｅによって産業構造がすべて変わりました。ハードはｉＰｈｏｎｅに置き換わり、ソフトもインターネット企業主導のアプリやコンテンツに総入れ替えしました。結果、それまでハードを開発していた主要電機メーカーの多くが事業撤退を余儀なくされました。

なぜ日本の電機メーカーがＡｐｐｌｅに負けてしまったのかを考えるうえで注目されるのが、「イノベーションのジレンマ」というものです。

「イノベーションのジレンマ」とは、業界トップになった企業が顧客の意見に耳を傾け、さらに高品質の製品やサービスを提供することが、イノベーションに立ち後れ、失敗を招くことにつながる、という考え方です。ハーバード大学のクレイトン・クリステンセン教授によって提唱されました。

つまり、成功している企業ほど、顧客の声に真摯に耳を傾けるあまり、変化に乗り遅れてしまう傾向がある、ということです。

これは、フォードがいったとされる、次の言葉にも通じます。

「もし顧客に、彼らが望むものを聞いていたら、彼らは『もっと速い馬が欲しい』と答えていただろう」

顧客の声に耳を傾けること自体は悪いことではありません。

難しいのは、顧客は「今」の問題を解決したいと思っていて、「未来」のことまで想起しているのは一部でしかない、ということです。

顧客の声に耳を傾け、それに対応する問題解決的思考だけでは、「イノベーションのジレンマ」にはまってしまいます。

企業は、それと並行して、いや、むしろ先行して、「強い想い」のもと、戦略的に考え、目標への道筋を描き、顧客を次の世界へと牽引《けんいん》していく覚悟を持って事業に取り組む必要があります。

私たちに、なぜ、戦略的思考が求められているのか。それは、**常に時代が変化していく中で、今あるものだけを対象に考えていても進化は生まれない**からです。また、ルールが変わると、これまでの経営が立ち行かなくなるリスクも存在します。

自動車業界の大変革は、産業の在《あ》り方そのものの構造変化を意味しています。自動車産業に従事しない人にも、必ず影響が及びます。

渦中《かちゅう》の自動車業界は、様々なメッセージを発信して、戦略的に思考し、行動することの重要性を伝えてくれています。そこにいる社員だけでなく、周囲にいる私たちも、その必要性に迫《せま》られていると考え、次なるモデルへのシフトを果たす必要があるといえます。

個人を主語にしても、同じです。

産業構造が変革していくということは、私たちの雇用の在り方や働き方も変わるということです。新型コロナウイルス感染症で一気にテレワークが浸透したように、いつ何時《なんどき》、どのような変化が起こるかわかりません。

**自ら戦略的に考え、行動することが、個人のキャリアにおいても従来以上に求められる**のは、自明のことといえます。

## 戦略的思考の起点「強い想い」はどのように生まれるか?

ここまで、戦略とは何か、戦略的思考とは何か、なぜ必要なのか、という点について解説をしてきました。

ここからは、「では、具体的にどのようにすれば、戦略的思考を実践できるのか」へと話を進めます。

まず、戦略的思考の起点となる「強い想い」は、どのようにして芽生《めば》えるのでしょうか？それを考えてみたいと思います。

そもそも、戦略的思考の起点となる目標は、先に示したように、上位部門から降りてくることが一般的です。自ら設定した目標であれば想いを込めることが比較的しやすいですが、上位部門から示される目標に対しても実現への強い想いを持つことが必要とされます。

では、あなたは、どのようなときに情熱を抱き、「やってやろう！」という気持ちになりますか？

「人それぞれ」といわれてしまえばその通りなのですが、そこに共通項を見出すのであれば、**「縁を感じるとき」**ではないかと思います。

数多くの経営者の本を読んでも、大半の方が「縁」を感じて仕事をしていることに気がつきます。

「縁」とは、誰かや何かとのつながりや関わりです。昔から積み重ねた「縁」もあれば、たまたま築かれた「縁」もあるでしょう。いいご縁もあれば、わるい縁もあるかもしれません。いずれにしても、私たちが心を動かされるとき、「縁」の存在があるとはいえないでしょうか。

あなた自身を振り返ってみてください。これまで「やってやろう！」と思ったとき、何かの「縁」を感じていたのではないでしょうか？


「親にお世話になったから」

「学校の先生の期待に応《こた》えたい」

「育ててくれた地元のため」

「友人のため」

「応援してくれる人のため」

「あいつとの約束」

「部に貢献したい」

「この商品を浸透させたい」
「あのお客さんのため」
……

2020年の東京オリンピック・パラリンピックは様々な課題を抱えての開催でした。出場したアスリートは、まさに「強い想い」を持って、戦略を描いてシナリオを歩んできた人の象徴です。その人たちの口から出てくる言葉は「縁」を表していることがとても多いと感じました。

情熱を持てないときには、「縁を辿る」ことが効果的です。

今日、今、このときに至るまでに、どのよ

図表1-5　縁を辿る

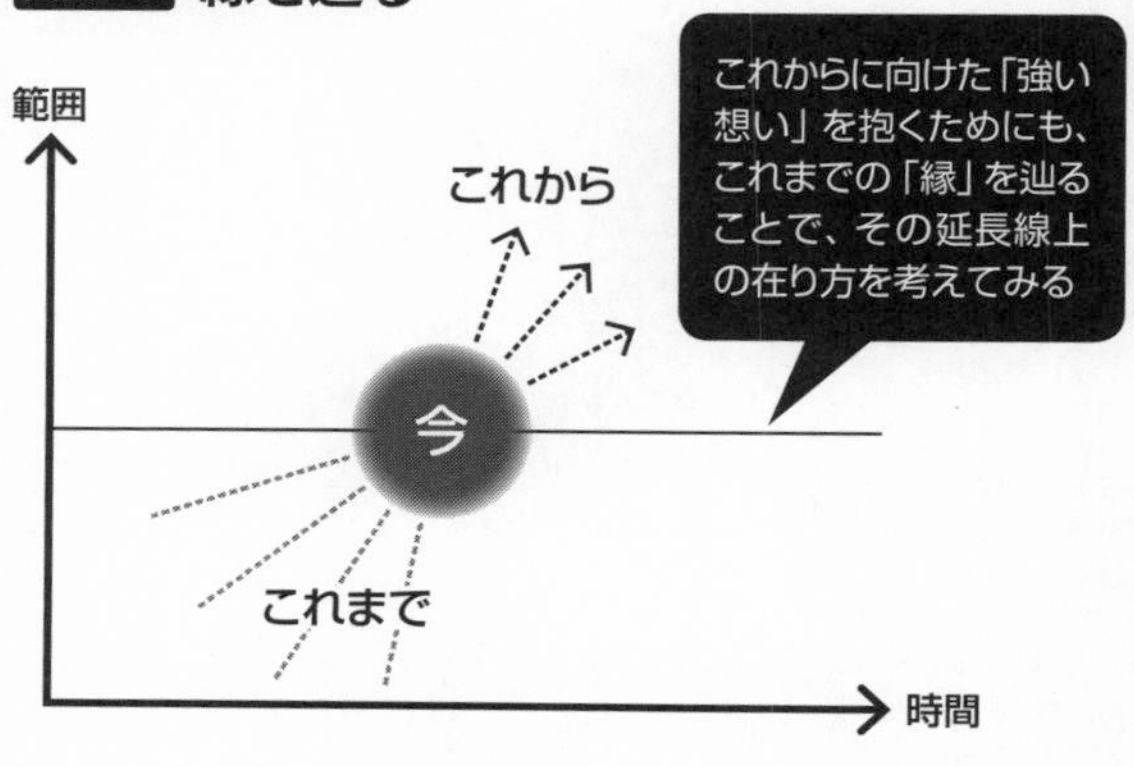
範囲
これから
今
これまで
時間
これからに向けた「強い想い」を抱くためにも、これまでの「縁」を辿ることで、その延長線上の在り方を考えてみる

うな縁を辿ってきたのか。自分は、どこで、誰の、どんな影響を受けて育ってきたのか。こうしたことを考えることで、「強い想い」に気づかされるときがあります。

「あのとき、先輩に教えてもらったことが今も残っている」
「自動車が好きだから」
「人に教えてもらって、自分も気づくことができたから」
「音楽が好きで、ずっと関わっていきたい」
「あの映画に影響を受けた」
「ボランティアの人に助けてもらった」

……

縁があっての今です。
**縁を辿ると、「自分は何を果たすべき存在なのか」「この目標とどう向き合うべきか」のヒントが、少しでも得られるのではないでしょうか。**

## 目標は「ムーンショット」で設定しよう

縁を感じることが「強い想い」につながるといわれても、いまいちピンとこない人もいるでしょう。

戦略的思考において「強い想い」の存在は必要ですが、そこが描けないからと立ち止まってしまっては、あなた自身やあなたの周りの方々の時間を有効に活用しているとはいえません。もし「強い想い」にまで辿り着けなかったとしても、今はまず次のステップに進みましょう。

次のステップとは、「目標」を具体的に描くことです。

**目標とは、実現したい状態**です。具体的な数値で表されるものもあれば、漠然とした状態で表現されるものもあります。

戦略的思考を実践、継続するためには、目標を具体化し、言語化することが効果的です。

目標は、次の三つに分けてとらえてみましょう。

●ミッション
●定量目標
●定性目標

**ミッションとは、「いつまで」という時間軸ははっきりしないものの、自分や組織が周囲の存在から託された役割や使命のことです。**戦略がカスケードダウンされる場合は、上位部門の戦術がミッションに該当します。

**図表1-6 主な企業の「ミッション」**

| 企業 | ミッション |
| --- | --- |
| ナイキ | 世界中のすべてのアスリートにインスピレーションとイノベーションをもたらすこと |
| ヨネックス | 独創の技術と最高の製品で世界に貢献する。 |
| 江崎グリコ | おいしさの感動を 健康の歓びを 生命の輝きを Glicoは、ハート・ヘルス・ライフのフィールドでいきいきとした生活づくりに貢献します。 |
| ファーストリテイリング | ●本当に良い服、今までにない新しい価値を持つ服を創造し、世界中のあらゆる人々に、良い服を着る喜び、幸せ、満足を提供します<br>●独自の企業活動を通じて人々の暮らしの充実に貢献し、社会との調和ある発展を目指します |
| イオン | お客さまを原点に平和を追求し、人間を尊重し、地域社会に貢献する。 |
| ソニーグループ | クリエイティビティとテクノロジーの力で、世界を感動で満たす。(Purpose 存在意義) |
| カルビー | 私たちは、自然の恵みを大切に活かし、おいしさと楽しさを創造して、人々の健やかなくらしに貢献します。 |

ほとんどの企業は、自社のミッションを表現しています。それらにも、「自分・自組織以外の存在から託されている」という前提が共通しています。

そして、**ミッションを果たすまでの過程に、わかりやすい到達点としての目標（定量目標と定性目標）を設定します。**

ここで大切になるのが、目標の「高さ」です。

戦略的思考を実現するうえでの目安は「やってできないことはない」レベルです。達成度合いでいえば50％できるかどうか。それ以上であれば素晴らしい、と思えるぐらいの目標を設定してください。

こうした目標のことを「**ムーンショット**」と呼びます。月に届くレベル、という意味です。反対に、達成度１００％が求められる目標を「**ルーフショット**」と呼びます。

目標は、ムーンショットとルーフショットの二つを設定する必要がありますが、戦略的思考を促《うなが》す目標はムーンショットです。

なぜ、目標をムーンショットで設定すると、戦略的思考が促されるのか。それは、思考

図表1-7 目標を引き上げて戦略的思考の余白を生む

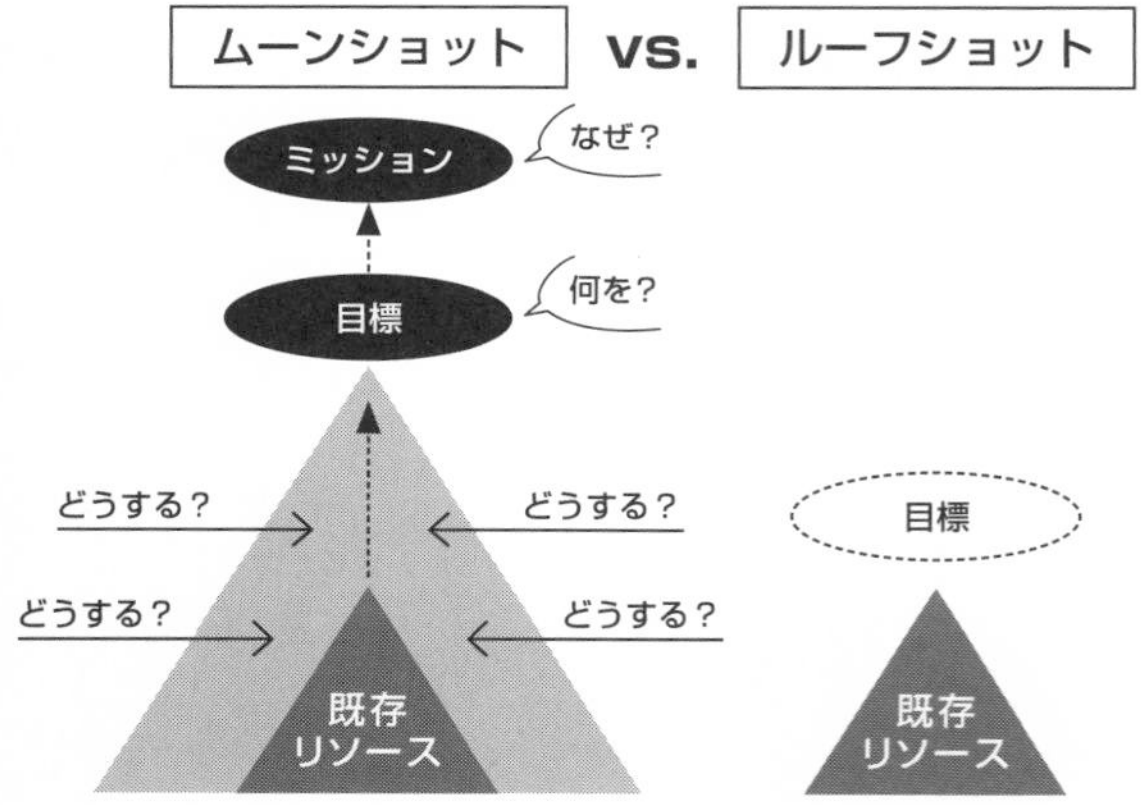


に余白を生み出すことができるからです。

図表1－7をご覧ください。

ミッションによって目標が引き上げられると、目標と既存のリソース（人、モノ、カネ、情報、知財、時間など）との間に余白が生まれます。この余白がとても重要な意味を持ちます。余白があることで、工夫や知恵、他者の協力を必要とする状況に自らを追い込むことができるのです。

一方で、目標が既存のリソースややり方の範囲内で達成できるレベルで設定されていれば、思考に余白が生まれず、知恵や工夫、他者の協力ではなく、

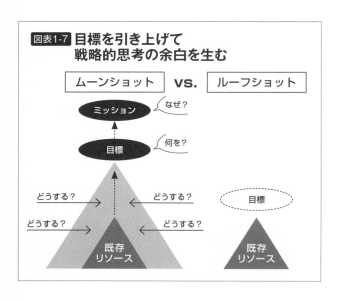

「手持ちのリソース」「これまでのやり方」「自分自身の努力」によって達成する、という思考に傾きます。

目標は、あまりに法外に、根拠もなく、途方もないスケールで設定されるべきではありません。しかしながら、容易に達成可能なレベルで設定されてしまっても、思考の余白を生み出さないので、これまでのやり方に変化を及ぼしません。

そもそも、戦略の起点は「強い想い」ですから、既存の状態とは一定の距離があるでしょう。もし、「いや、そこに距離は見られない」というのであれば、目標の再設定が必要かもしれません。

目標を設定する際に役立つ**「SMARTの法則」**というものがありますので、それも図表1-8に紹介しておきましょう。「S」「M」「A」「R」「T」の五つの要素を埋め、それらをつないで200文字以内の文章で表現してみることをお勧めします。すると、漠然としていた目標を、少しでも具体化することができるでしょう。

「A」と「R」はそれぞれ2種類ありますので、ケースバイケースで使い分けてください。

【演習問題】

例を参考に、あなたの目標を「SMART」の要素を埋めて設定して、200文字ぐらいで表現してみましょう。「やってやれないことはない」ぐらいのレベルを意識してください(ムーンショット)。

例

**Step1：項目出し**

Specific：甲領域において、自社特許取得技術αを備えた新規製品A

Measurable：売上目標5億円　利益1億円

Attractive：製品Aを軸に新たな商品セグメントを創造することで、長期にわたる自社の新しい収益源を創り出す

Related：全社売上に占める新規製品比率を高めるという上位方針に紐付く

Time-bound：2025年度までに達成する

↓

**Ｓｔｅｐ２：目標の文章化**

甲領域において、自社特許取得技術αを備えた新規製品Ａの売上５億円、利益１億円を２０２５年度までに実現する。

それにより全社方針である売上に占める新規製品比率向上に貢献する。

そして、製品Ａを通じ、新たな商品セグメントを創造することで、今後、長期にわたる自社の新しい収益源に成長させる。（１４０文字）

**図表1-8　定量・定性目標を決めるための「SMARTの法則」**

**S**　Specific　具体的に

**M**　Measurable　計測可能な

**A**　Achievable　達成できる
Attractive　魅力的な

**R**　Related　関連した
Realistic　現実的な

**T**　Time-bound　期限がある

## 目標と現状との距離を認識しよう

ここからは、次にあげる戦略的思考の五つの着眼点を軸に解説をしていきます。

①目標への距離を認識する（第1章・第2章）
②彼を知り、己を知る（第2章）
③戦略的なシナリオを立案する（第3章）
④人の協力を得る（第4章）
⑤戦略的なロードマップを展開する（第5章）

これらを常に意識しながら読み進めていただければと思います。

図表1-9 戦略的思考　5つの着眼点

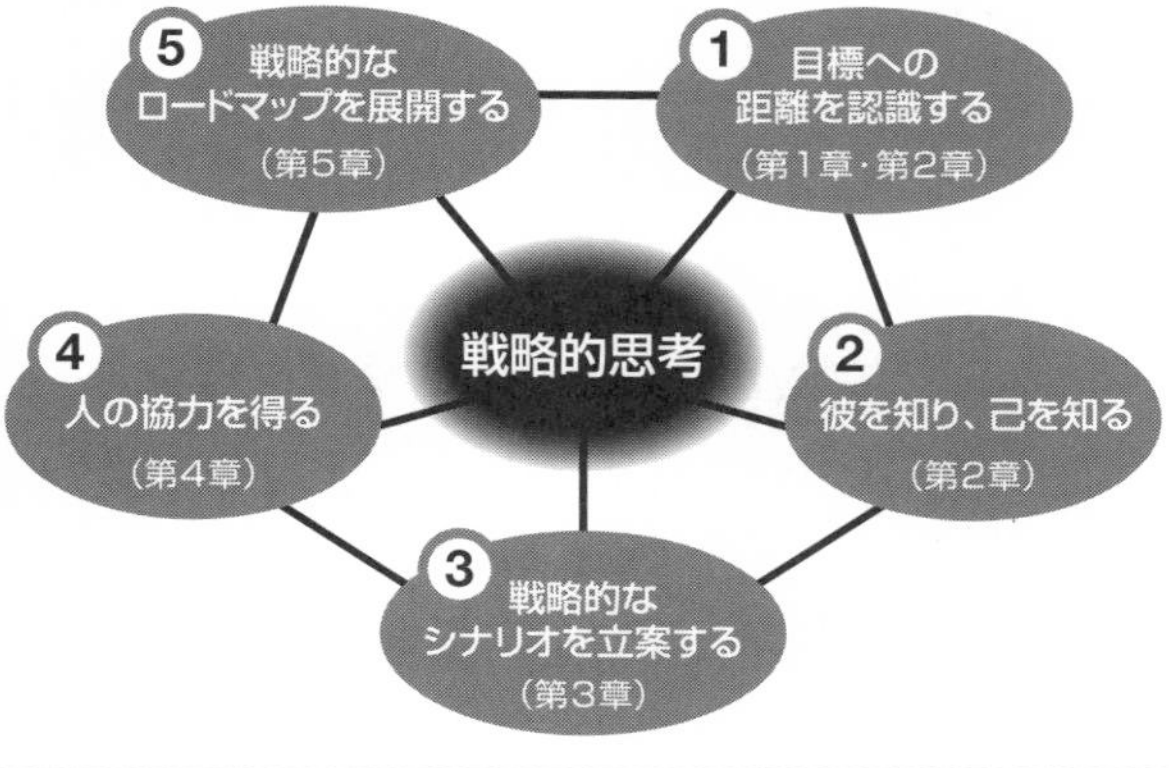

戦略的思考
1 目標への距離を認識する（第1章・第2章）
2 彼を知り、己を知る（第2章）
3 戦略的なシナリオを立案する（第3章）
4 人の協力を得る（第4章）
5 戦略的なロードマップを展開する（第5章）

目標を明確に設定したら、いよいよ、その実現に向けたシナリオである戦略を描きたいところですが、その前に、五つの着眼点の一つ目「目標への距離を認識する」ことが必要です。

戦略は、目標と現状のギャップを解消するためのものです。ですから、**最初のステップとして、現状を客観的に把握し、目標への距離を正確に認識しなければなりません。**この認識に誤りがあれば、正しいシナリオを描けるはずがありません。

目標への距離を正確に認識するためには、市場、競合、自社という観点や、短期・中期・長期の時間軸など、あらゆる変数を加味して考え抜く必要が生じます。だから、戦略を考えることは難しいですし、やりがいがあるのだと思います。

## 目標までの通過「点」を洗い出して「線」でつなぐ

改めて繰り返すと、戦略とは「人生やビジネスにおいて、納得のいく結果を得、目標を実現するためのシナリオ」です。

シナリオは一つとは限りません。目標までの道のりは長く、その過程において何が起きるかわかりません。何かが起きても、目標の実現を断念せず、到達までのシナリオを描くためには、状況に応じて戦略を変えていくことが求められます。
そのためには、どのようなことを意識し、実践すればいいのでしょうか？
それは、目標までの通過「点」を洗い出すことです。
例をあげて考えてみましょう。

**【演習問題】**

あなたは研修会社を経営しているとします。日本では一定の業績をあげることができたので、海外展開を考えています。具体的にはアジアNo.1の業績と知名度を誇る研修会社を目指しています。

では、その目標に到達するためには、どのような通過「点」が必要でしょうか？

図表1-10 目標と現状のギャップ

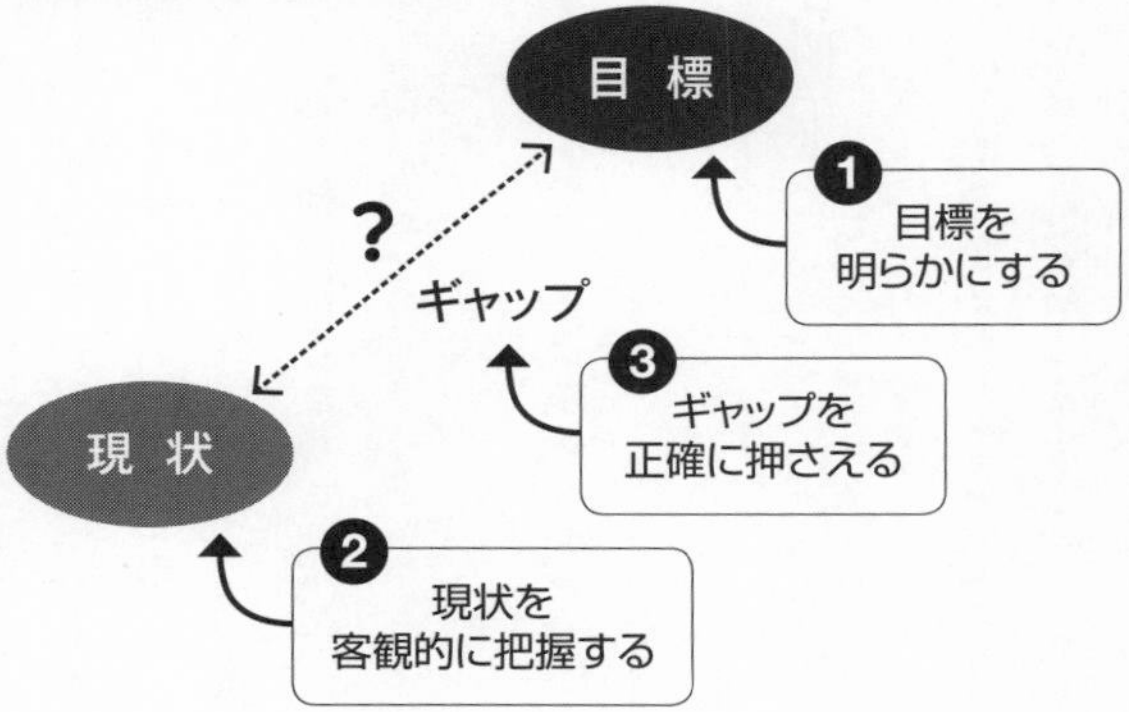


●アジアの本社セクターが集まるシンガポールに拠点を構える
↓
●シンガポールでの営業活動を通じ、まず大手日系企業との取引をスタートする
↓
●大手日系企業での実績を武器に、外資系の大手企業との取引を増やす
↓
●日系企業、外資系企業のアジア拠点へと展開を拡大する
↓
●アジア全土での展開を広げ、現地法人を設立し、グループ経営を定着させる

例えば、このようなことをあげることができます。

**これらの点をつないで「線」にしていくと、それが「目標実現までのシナリオ」となります。**

しかしながら、これらがすべてうまくいくとは限りませんから、他の視点から、別の点を抽出《ちゅうしゅつ》してつなぐことも考えましょう。

●まずは取引のある日系企業のアジア展開を支援する

←

●アジア展開を支援する傍ら、その日系企業の取引先に展開を拡大する

←

●活動の基盤を整えたところで、シンガポールで展開する研修会社をM&Aする

←

図表1-11 「点」から「線」をつないで戦略を考える

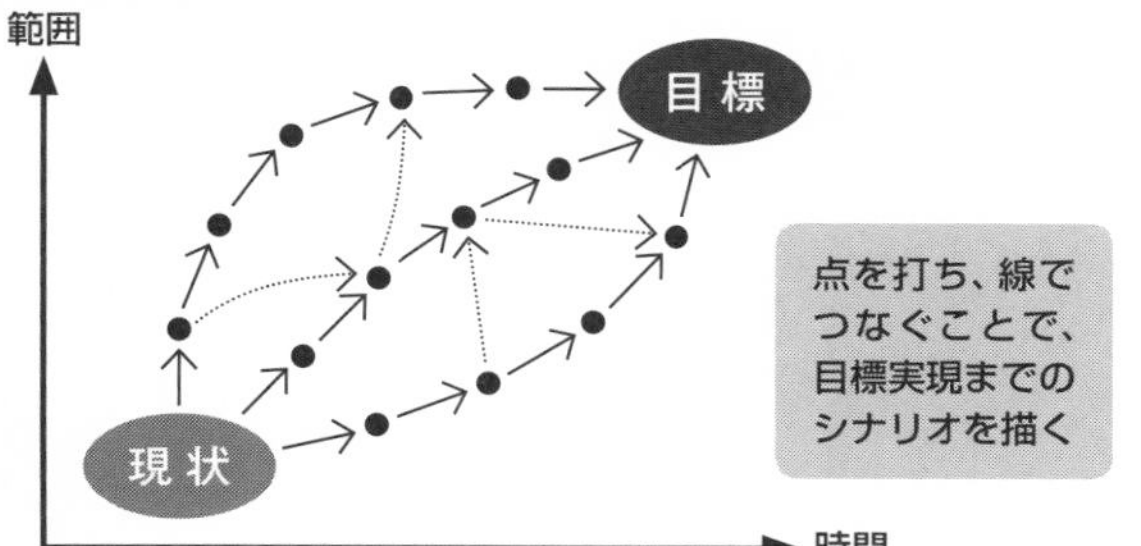
範囲
目標
現状
時間
点を打ち、線でつなぐことで、目標実現までのシナリオを描く

●自社ルートで日系企業を開拓、M&Aした会社を通じて外資系企業を開拓する

こうした「点」から「線」を描くこともできます。

そして、これらを複合的に見据《みす》えたうえで、その時々の結果や市場、競合の状況に応じて、最適な選択をしていきます。

あらゆる点を抽出し、線で結び、常に複数のシナリオを前提に目標実現までの道のりを考える。それが戦略を考えるということであり、戦略的に思考し、行動することを意味します。

こうした考え方の詳細については第5章で解説します。

**【演習問題】**

今、あなたが実現したい目標に向かって通過すべき「点」を洗い出してみましょう。そして、線でつないでみましょう。可能なら、複数の線を描いてみましょう。

# 第2章

# 「アウトサイド・イン」で考えよう

## 戦略的思考の基本は「アウトサイド・イン」

ここからは、戦略的思考を実践するうえで必要な考え方について、さらに深掘りをしていきたいと思います。

キーワードは「アウトサイド・イン」です。

アウトサイド・インとは「外から内」という意味です。

聞き慣れない言葉かもしれませんが、実際に関わった経験をもとにすると、**成功している企業や事業の多くがアウトサイド・インの思考を実践しています。**

反対に、**失敗するケースに多く見られるのが「インサイド・アウト」、つまり「内から外」の思考プロセスです。**

例をあげてみましょう。

**【演習問題】**

あなたは、誰かにお勧めの飲食店を紹介し、そこに「行きたい！」という気持ちになってもらって、実際に足を運んでもらうことを目標としています。

どのようにすればいいでしょうか？


まず、「どんなお店を紹介しようかな」と考えた人がいらっしゃるかもしれません。

その方は、その時点で、「内から外」のインサイド・アウト的な思考をしています。

目標が「誰かにお勧めの店に足を運んでもらうこと」だとすると、どんなお店を紹介するかは、優先するべきことではありません。

それ以上に**こだわるべきは、「誰に」紹介するか**、ということです。

最も手っ取り早いのは、「お腹がすいてしょうがない人」で、かつ、「お店に行くことができるお金を持っている人」です。そうだとすると、次のようなことが考えられるのでは

図表2-1 「アウトサイド・イン」と「インサイド・アウト」

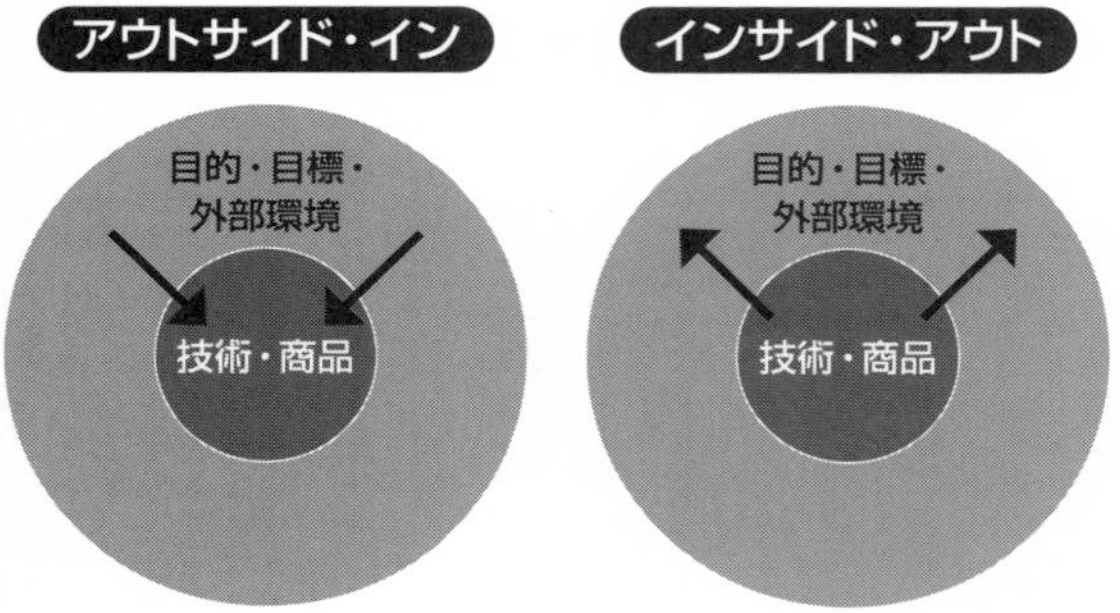


ないでしょうか。

- 前日の飲食が制限されていた人間ドック終わりの人を病院の前で待ち構えて、その人に近くにあるリーズナブルでおいしい飲食店を紹介する
- 減量明けのスポーツ選手に紹介する
- 朝から飲まず食わずで仕事をしていた同僚に、ねぎらいの意味を込めて紹介する

……

あなたがこのように考えるタイプであれば、「外から内」の思考、すなわち、アウトサイド・インの思考をしているのかもしれません。

**経営や事業において大切なのは、「何を作るか」「何**

**を売るか」の前に、「どんな目標を実現したいのか」「どんな状態に辿り着きたいのか」を考える視点です。**

「内から外」のインサイド・アウトの発想だと、目的や目標、そして周辺の環境や相手の存在が忘れ去られ、自社の持っている商品やサービス、技術やナレッジから考えてしまうことになりがちです。

もちろん、自社の持っている商品やサービス、技術やナレッジはとても重要で、最終的にはそれを起点に考えることになるのですが、考える順序を誤ってはいけないということです。

また、「内から外」のインサイド・アウトの思考では、今あるもの、見えるものから考えるために、思考に制限が生まれやすい傾向もあります。

一方、**「外から内」のアウトサイド・インの思考は、今あるもの、見えるものはいったん横に置き、目的・目標を軸に考えることで、制限なく、柔軟かつ戦略的に考えることにつながります。**

まずは、自分がアウトサイド・インの思考プロセスを備えているか、意識できているかを振り返ってみましょう。

## 「選択と集中」もアウトサイド・インで

目標は、既存のリソースだけでは実現できないレベルのものを、ムーンショットで設定するべきだと第1章で述べました。

とはいえ、実際に使えるリソースには限りがあります。もしリソースが湯水《ゆみず》のようにあれば、戦略など立てなくても、目標が実現できてしまうでしょう。

リソースを豊富に有しているほど経営をしやすいですし、競合に対して有利な展開をしやすくなりますが、多くの企業や事業はそういう状況ではありません。目標をムーンショットで高めに設定すればするほど、常にリソースが不足します。

そこで必要になるのが、**限られたリソースをどこに投入するかを決める「選択と集中」**です。言い換えると、やることを決め、同時にやらないことを決める、ということです。これが戦略的思考の核となります。

そして、「選択と集中」の際にも重要なのが、アウトサイド・インで考えることです。つまり、**市場と競合の状況を見極めたうえで、自社のリソースをどのように配分するかを決定する**のです。

次の演習問題に答えてみてください。

**【演習問題】**

あなたはリソースを100持っています。目標は、このリソースを1000に増やすことです。そのために、A、B、C、Dの市場への投資を検討しています。

それぞれの市場は、現時点で成長率が異なります。投資した数に成長率をかけた分だけリソースが増えるとして、限りある100のリソースをどのような配分で各市場に投資することが、どの競合よりも早期に目標を実現することになるでしょうか？

市場A：成長率　10％／年
市場B：成長率　8％／年
市場C：成長率　2％／年
市場D：成長率　20％／年

「当然、成長率が最も高い市場Dに100すべてを投資すれば、最も早く1000という目標に到達する」と考えた方が多いのではないでしょうか。

しかし、実際のビジネスでは、そう簡単にはいきません。競合がいるからです。市場Dは、魅力的であるがゆえに、多くの競合がひしめくことが想定されます。

また、一般的に、リターンの大きい市場はリスクも大きい。

したがって、**市場Dだけにリソースを集中投下すると、何らかの事態が生じたときに、すべてのリソースを失ってしまうことになる危険性があります。**

「選択と集中」のポイントは次の三つです。

- 市場が存在しない、または伸びないところよりも、**市場の潜在的規模が大きく、成長が見込まれるところにリソースを投入する**
- 競合がひしめき、力を入れているところよりも、**競合が少ない、または、相対的に自社より力を注いでいないところにリソースを投入する**
- リスクとリターンの双方を踏まえ、**過度なリスクをとらないように、最適な配分でリソースを投入する**

もちろん、リソースをどの市場に投入

**図表2-2 選択と集中**

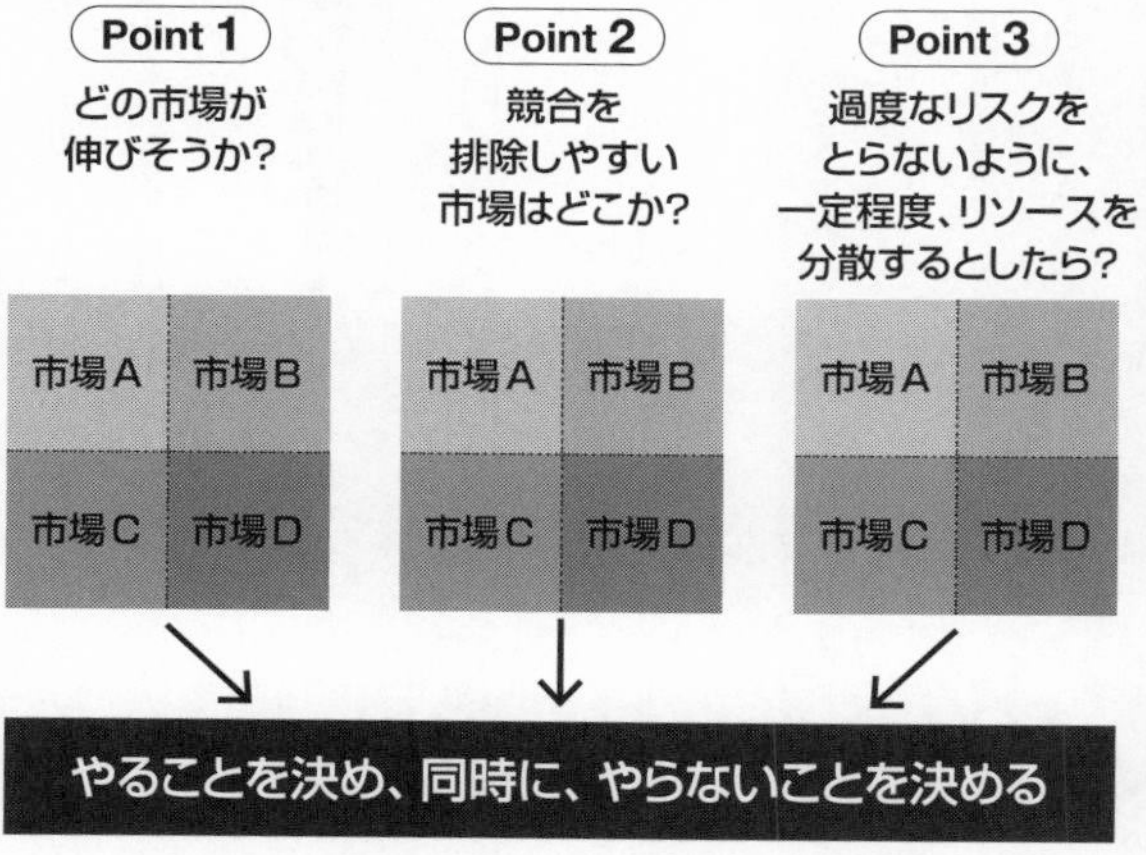
Point 1
どの市場が伸びそうか?
Point 2
競合を排除しやすい市場はどこか?
Point 3
過度なリスクをとらないように、一定程度、リソースを分散するとしたら?
市場A
市場B
市場C
市場D
市場A
市場B
市場C
市場D
市場A
市場B
市場C
市場D
やることを決め、同時に、やらないことを決める

するかだけではなく、その中でどのような商品やサービスを展開するか、いかにマーケットシェアを拡大し続けるか、といった戦術が重要であることはいうまでもありません。

この点については後述しますが、まずは「選択と集中」の重要性を理解することが大切です。

## 「不足しているリソース」に目を向けよう

目標実現のためのシナリオは、「選択と集中」とともに、リソースを増やすことも考えると、描きやすくなります。

リソースを増やすとは、どういうことでしょうか？　次の演習問題で考えてみましょう。


**【演習問題】**

あなたは厚さ10センチ、重さ1トンの鋼鉄の板に穴をあけたいと考えています。しかし、持っているものは身の回りの小物だけです。どのようにして目標を実現しますか？

色々なアイデアがあがるのではないかと思います。

- ●穴をあけられる人を呼ぶ
- ●道具を買ってくる
- ●少しずつ時間をかけてあける
- ●穴のあいた板と取り換える
- ●穴をあけられるように周りに工場を建て、ドリルであける

……

このようにアイデアを出してみると、私たちは色々な制約にとらわれて物事を考えていることに気づかされます。人の制約、モノの制約、時間の制約、対象の制約、空間の制約などです。

制約を置いて考えると、リソースを限定的にとらえてしまうということが起こります。

本当は、活用できる、調達できるリソースが周囲にあるにもかかわらず、「今あるもの」の範囲の中で考えてしまう。これは、よく見られる傾向です。

図表2-3 制約を外すことで戦略的にリソースを増やす

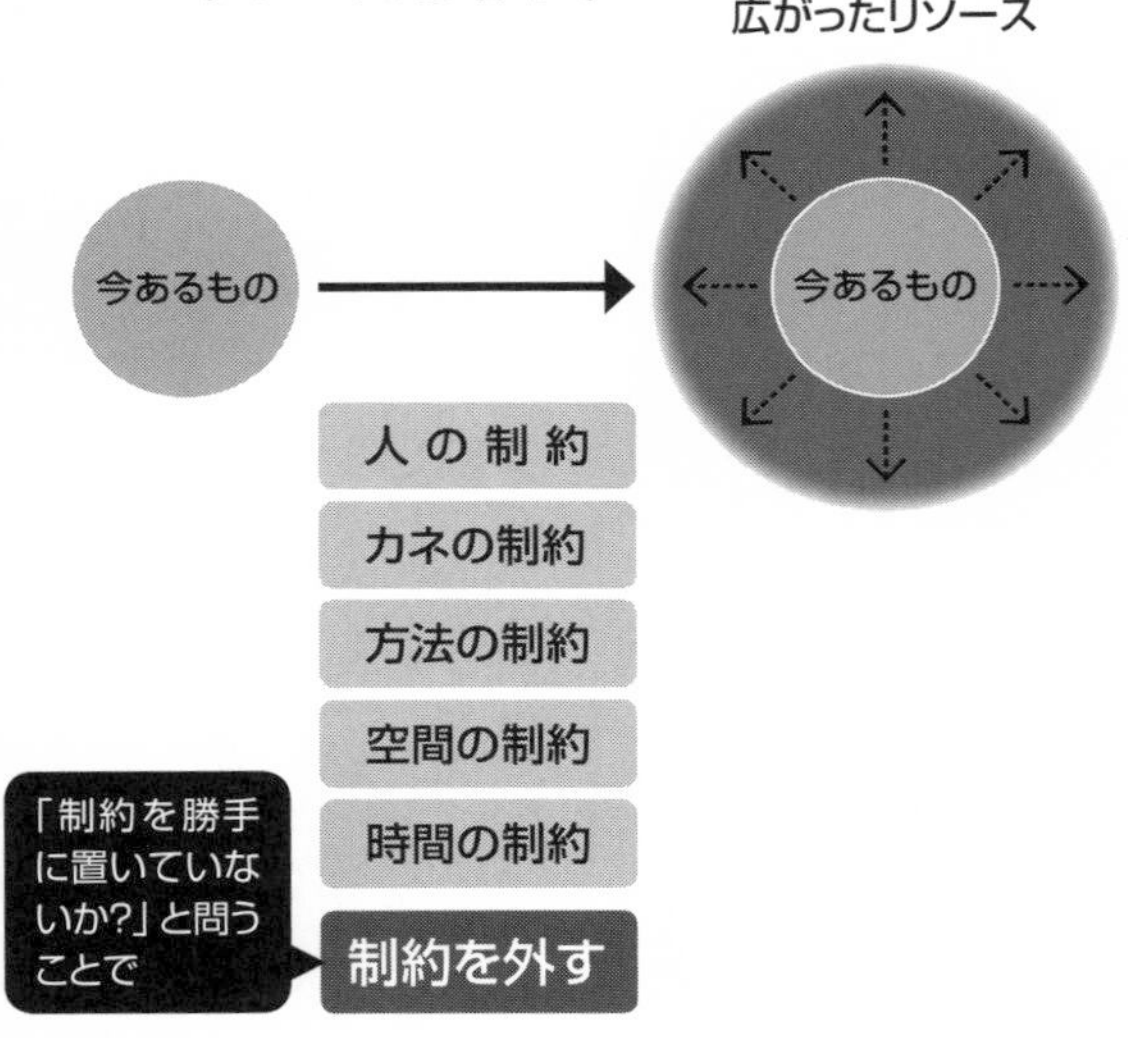


「選択と集中」が必要であることは前提にしつつも、**「調達と工夫」をすることで、リソースそのものを広げることができないか**も考えてみることが必要です。

トヨタ自動車は、自動車業界の変革期において街づくりにも事業を拡大し、その実証実験を東富士の工場跡地で行っています。車づくりをしていたトヨタにとって、街づくりはこれまでに経験のないことであり、社内に専門家は多く存在していません。そこで、戦略を展開する中で、多くの技術者を世界中から集め、中途採用の比率もこれまでにないレベルに高めることで、人材というリソースの調達を行っています。

ソフトバンクグループを率いる孫正義氏も、「AIによる情報革命」を果たすという目標を実現するために、世界中の数多くの企業に投資をしています。そのためのリソースである多額の資金は、自己資金だけではなく、金融機関はもとより、世界中の国家、事業家、投資家から集めています。

こうした企業の事例は、あまりにも規模が大きすぎて参考にならないと考えられるかもしれません。しかし、**「ありものから考えていない」**ということが共通しています。目標を置いて、戦略を展開するシチュエーションにおいては、「今あるもの」は制約を生みます。むしろ、「何がないのか」「何が足りないのか」という視点にシフトし、それを調達するという発想をすることが、戦略的思考の実践だといえます。

ハーゲンダッツも、「ありもの」ではなく「何が足りないのか」に目を向けて成功した例の一つです。

ハーゲンダッツに足りなかったのは、欧州のイメージでした。アメリカ人がアメリカで創業したアイスクリームには、当然、欧州のイメージがありません。しかし、顧客であるアメリカ人には、アイスクリームの主原料である牛乳に、欧州の牧畜のイメージを持っている人が多かったのです。

そこで、酪農《らくのう》国であるデンマークの首都コペンハーゲンから〝ハーゲン〟をとり、響きのいい〝ダッツ〟をつけて、「ハーゲンダッツ」という、欧州を彷彿《ほうふつ》とさせるネーミングをしました。結果、ブランド形成に成功しました。

このように、**戦略的思考とは、**「**ありもの**」**から考えるプロセスではなく、目標と現状のギャップを解消するうえで不足しているリソースに着目し、そのリソースを工夫や調達で埋め合わせる思考である、**といえます。

まとめると、「今あるもの」の範囲で考えるのか、「目標を実現するために不足しているもの」を調達する視点で考えるのか、の違いです。

これはあくまで私の解釈ですが、日本企業はインサイド・アウトの視点が強く、結果として大胆な戦略を展開しづらくなっているケースが多いと思います。「ないもの」を調達してリソースそのものを増やすアウトサイド・インの考え方も取り入れる必要があると考えます。

## 「彼を知り、己を知る」の順序で考えよう

引き続き、アウトサイド・インで考えるということを解説していきます。
アウトサイド・インには、以下の3パターンがあります。

- 「目標から戦略、そして、戦術」の流れで考える
- 必要なリソースを洗い出して、「ないもの」「あるもの」を考える
- 「外部環境から内部環境」で考える

反対に、インサイド・アウトは、

●目の前の問題、課題から考える
●今あるリソースから考える
●内部環境から考える

ということになります。

戦略的思考は目標を実現するための思考ですから、アウトサイド・インで考えることがベースとなります。

ここで、問題です。

**【演習問題】**

日本でトッピングの種類とボリュームの多さで成功しているカレーチェーンがロンドンでの展開を考えています。成功するために、何をすればいいでしょうか？

●日本で売れ筋のトッピングをそろえて展開する
●ボリュームを売りに、コスパのよさをPRして展開する
●日本発のカレーチェーンということで、日本人が多く住んでいるエリアから展開する
……


これらのアイデアはすべてインサイド・アウトの視点に偏《かたよ》っています。「今あるもの」「見えているもの」から考えている、ということです。

もちろんこの視点も必要ですが、戦略的に考えるためには、アウトサイド・インの視点から考えるクセをつけることが必要です。

では、どのように考えるべきでしょうか。

●まず「何のために展開するのか」「いつまでに、どの程度の目標を実現したいのか」を確認する
●ロンドンで好まれているカレーのスパイスや味はどんなものかを調べる
●ロンドンでカレーを特に多く食べる人の属性を調べ、そこをターゲットにする

●ロンドンで好まれている競合店を調べる
●ロンドンの人々から見たときの日本のイメージを踏まえ、特徴を出す

このように、**アウトサイド・インは、常に目標や結果から逆算する思考**だといえます。考える順序としては、次のようになります。

目的　↓　目標　↓　市場　↓　競合　↓　自社

**何より大切なのは、まず目的。そして目標を押さえて、現状とのギャップを明らかにすることから考える。**そのクセをつけてください。**自社の特徴やこれまでの実績はいったん横に置いて、市場や競合の観点から考える。**この順序を徹底することです。

このようなプロセスを踏むことが、戦略的な思考を生み出します。

『孫子』に「彼を知り己を知れば百戦殆うからず」という言葉があるように、まず知るべきは「相手」です。相手のことがわかっていないのに、戦略となるシナリオを描くことは

できません。

高収益企業として知られるキーエンスは、センサーメーカーとして、国内のみならず、世界で名だたる成果をあげています。経常利益率は50%を超え、社員の平均年収も約2000万円と、驚異の収益率を誇っている企業です。どうして、このような成果をあげることができるのでしょうか。

キーエンスが提供するセンサーを欲する企業は主に製造業で、製造ラインを安定的に動かすことでモノを製造し、出荷して、収益をあげる企業です。大企業向けの営業活動ももちろんしていますが、特徴的なのは、日本に多数存在する中小企業向けの営業活動です。

中小企業の社長・経営者は、常にバランスシートや損益計算書の中身を気にしていて、「もっと利益率をよくしたい」と考えて経営をしています。

そこでキーエンスは、センサーの特徴だけを説明するのではなく、「センサーを入れることで具体的にどの程度儲かるのか」ということまで数値で示します。そして、「その儲け分を使って、さらに投資をすることで、これだけの生産性向上を図ることができる」という提案を重ねていきます。

中小企業の経営者は、必ずしもセンサーが欲しいのではなく、センサーを通してもっと経営効率を高め、利益を捻出《ねんしゅつ》したいと考えているのだということをしっかりと理解し、その期待を実現する営業活動を行うように教育されているのです。

「そんなことは当たり前」と思われるかもしれません。しかし、その「当たり前」を徹底的にできているのがキーエンスの強さであり、すごさであるといわれています。

なぜ実践できているのかといえば、自分の給与の出所《でどころ》を各担当者がよくわかっているからではないでしょうか。

お客様の経営数値を改善することがさらなる投資につながり、結果的に商品が売れて、自分の給与に反映される。この仕組みを理解することで、「相手」に対する関心が高まり、「相手」をよく調べ、「相手の喜ぶことをやろう」という気持ちになる。

こうして、キーエンスの戦略と現場の行動が一致しているのでしょう。

己を知る前に、相手を知る。

このことは、目標を実現するシナリオを描くうえで欠かせません。

# 「PEST分析」でマクロ環境分析をしよう

では、「相手」を知るためには、どのようなプロセスで考えることが効果的でしょうか？

アウトサイド・インは「外から内」の順番で考えることですが、「外」、つまり、外部環境にも、様々なものがあります。その中で、**大きいところから小さいところ、言い換えると、遠いところから近いところへと分析の視点を移していく**ことが効果的です。

ここでは、外部環境分析の代表的なプロセスとフレームワークを軸に考えてみましょう。

外部環境分析を「外から内」で行うと、次のような流れになります。

マクロ環境分析 → 業界環境分析 → 市場環境分析

マクロ環境分析とは、一企業では起こせない、世の中の大きな変化をとらえる分析です。

世の中の大きな流れがわからずに戦略を考えるのは、天気予報を見ずに海に出るようなものです。風向きも、波の大きさもわからないのでは、とても危険です。企業の経営が、それと同じようなことになってはいけません。

また、大きな変化をつかむことは、チャンスを先取りするためにも必要です。5年、10年先の未来を予測するうえで、マクロな指標のトレンドや人口動態、政治的イデオロギーの変化、SDGsなどの価値観の変化などをとらえておくことが役立ちます。

マクロ環境分析の代表的なフレームワークとしては**「PEST分析」**があげられます。

**図表2-4 外部環境を分析する**

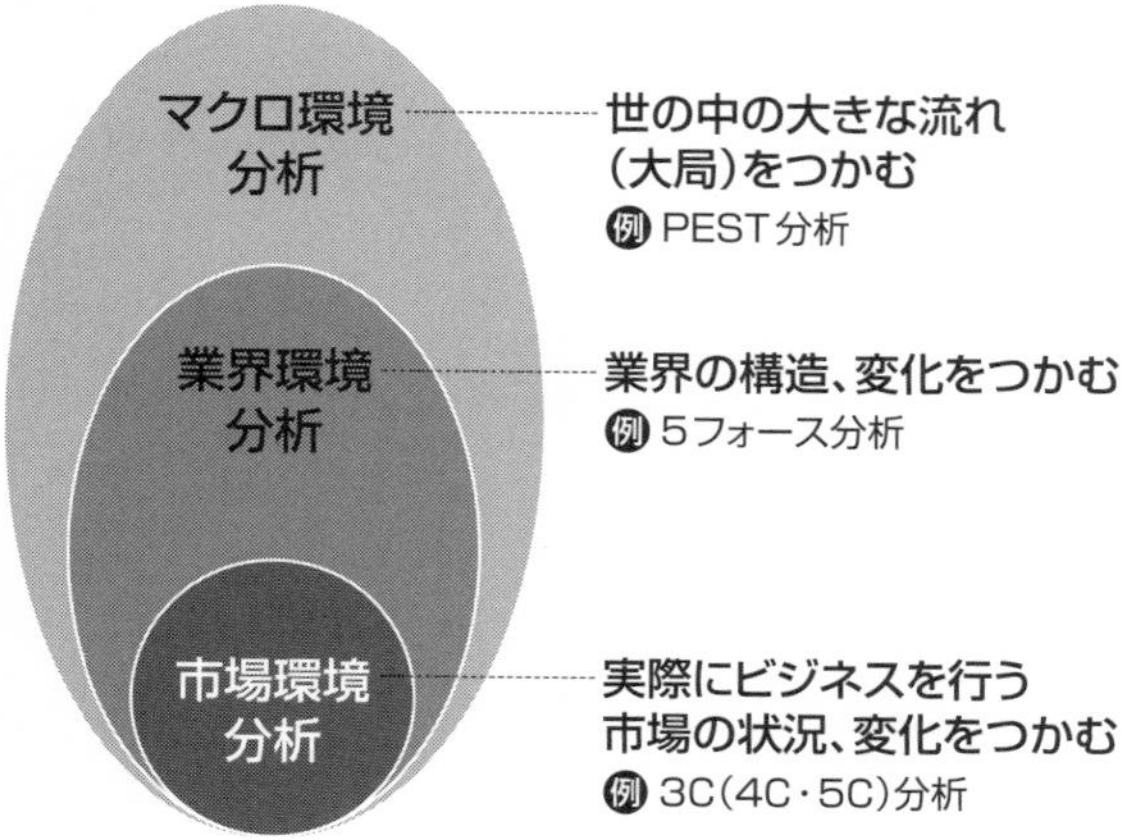

マクロ環境分析
世の中の大きな流れ（大局）をつかむ
例 PEST分析
業界環境分析
業界の構造、変化をつかむ
例 5フォース分析
市場環境分析
実際にビジネスを行う市場の状況、変化をつかむ
例 3C（4C・5C）分析

PEST分析では、

●P：Politics（政治）
●E：Economy（経済）
●S：Society（社会）
●T：Techonology（技術）

という、変化が広範囲に影響を及ぼす四つの要素について分析をします。

## 「5フォース分析」で業界環境分析をしよう

次に、業界環境分析です。
業界環境の変化を押さえることは、具体的な経営への影響を考えるうえで必須です。
そのために最も効果的なフレームワークは「**5フォース分析**」です。
5フォース分析とは、企業の経営を取り巻く五つの競争要因を軸に分析を行うフレーム

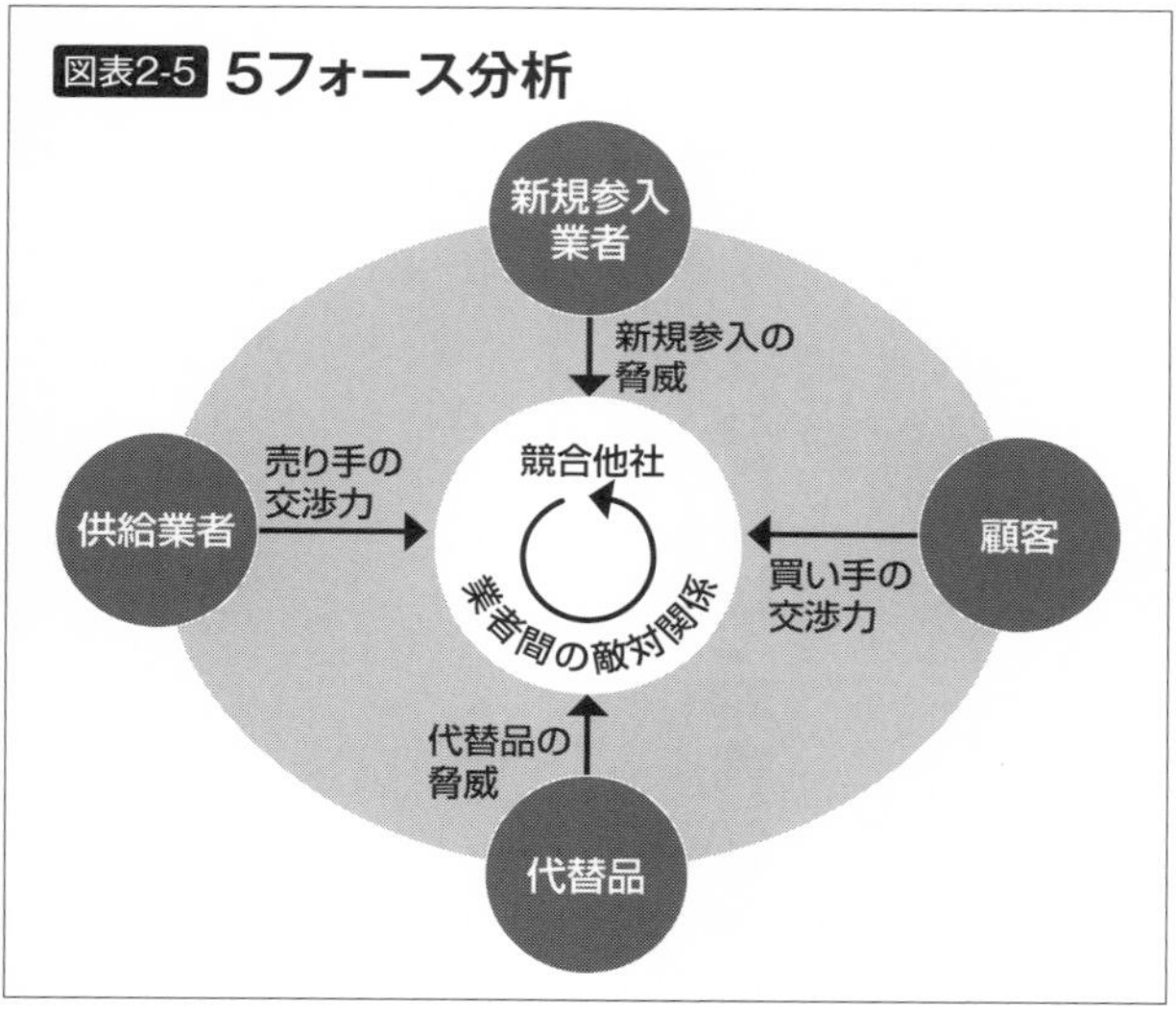


ワークです。

五つの競争要因とは、次の通りです。

●既存の競合他社
●新規参入の脅威
●代替品の脅威
●買い手（顧客）の交渉力
●売り手（サプライヤー）の交渉力

ビジネスは、この五つの力がせめぎあって成り立っています。ですから、自社の経営や事業運営を行ううえで、どのようなパワーバランスが働いているのか、どこが強く、どこが弱いのか、どこにチャンスや脅威が存在しているのか、ということを俯瞰《ふかん》することが欠かせません。

**【演習問題】**
あなたがアパレルチェーンを運営しているとしましょう。
5フォースのそれぞれには、何が該当するでしょうか？

- ●既存の競合他社 ↓ 他のアパレルチェーン
- ●新規参入の脅威 ↓ 海外からの参入、異業種からの参入
- ●買い手（顧客）の交渉力 ↓ エンドユーザー、量販店
- ●売り手（サプライヤー）の交渉力 ↓ 服飾メーカー、テナント提供会社、素材メーカーなど

これら四つは簡単だったのではないでしょうか。

では、残るもう一つ、「代替品の脅威」にあたるのは、何でしょうか？

代替品とは、目的を満たすうえで置き換えられる、他の商品やサービスを意味します。アパレルメーカーにとっての商品である服飾品の代替品を考えるには、服を着る(買う)目的を辿るといいでしょう。

服を着る(買う)目的は、

●人前で身だしなみを整える
●人に好感を抱いてもらう
●自分の個性やこだわりを表現する
●買い物を通じてストレスを発散する

といったことでしょうか。他にもあるかもしれませんが、こうした目的を満たすために、私たちは服を購入しているのです。

そうすると、これらの目的を満たす他の存在があれば、それが代替品だと考えることができます。

●人前で身だしなみを整える　↓　古着、手作りの服、オンラインのバーチャル服？
●人に好感を抱いてもらう　↓　美容サービス、アバター？
●自分の個性やこだわりを表現する　↓　ブログやＳＮＳ？
●買い物を通じてストレスを発散する　↓　ゲーム？

このように、**商品やサービスを購入する目的を考えることで、その商品やサービスの代替品がわかります。**

代替品の脅威は、時代とともに増しています。目的を満たすための手段が続々と増え続けているからです。

## 「3C(4C・5C)分析」で市場環境分析をしよう

最後に、市場環境分析です。

市場環境分析は、業界環境分析と混同されがちですが、業界環境分析よりも、よりミクロな視点で行います。

5フォース分析によって業界のトレンドやパワーバランスを明らかにし、それを踏まえて課題を抽出したうえで、実際にビジネスを行う市場の範囲で市場環境分析を行います。

例えば、国内でビジネスをしているなら国内の市場環境を分析しますし、南米を担当しているなら南米市場を分析する、ということになります。

この市場環境分析においてよく用いられるのが「**3C(4C・5C)分析**」です。

3C分析とは、市場、競合、自社の三つの視点から行う分析です。4C分析はこれらにチャネルの視点も加え、5C分析はさらにコミュニティを追加したものです。

- 市場(Customer):市場規模、成長性、参入障壁、顧客セグメント、ターゲットの特性、求める価値　など
- 競合(Competitor):競合の数、売上、シェア、戦略、成長性、強み・弱み　など

●自社(Company):自社の売上、シェア、戦略、強み・弱み　など
●チャネル(Channel):販売先の属性、特徴、戦略、課題、寡占《かせん》状況　など
●コミュニティ(Community):地域社会、その他のステークホルダー

3C分析を行う際にも、アウトサイド・インで考えてください。

市場 ↓ 競合 ↓ 自社

の順番で考えることが重要です。

なぜこの順番にこだわるべきかといえば、市場がどうなっていて、競合がどんな戦略を展開しているのかがわかったうえで、自社の状況や課題と向き合う、という流れを踏むことが、自社の課題や戦略を考えるうえで有効なためです。

以上、外部環境分析について触れました。

「はじめに」でも書いたように、戦略的思考が苦手な人は、この分析が弱い傾向がありま

す。それは当然のことで、大きな流れや業界の構造、市場の課題、競合の戦略がある程度わかったうえで戦略を立てなければ、それは根拠のない単なる推論でしかありません。

根拠を持って戦略を立案し、検証するためにも、分析の視点を持ち、アウトサイド・インの流れを意識して、情報を更新し続けることが欠かせません。

## 自社の「バリュープロポジション」を定義しよう

3C分析の、

市場　↓　競合　↓　自社

の流れで考えると、「バリュープロポジション」も明らかにすることができます。

**バリュープロポジションとは、「市場（顧客）が求め、競合が提供できず、自社のみが提供できる価値」のこと**です。バリュープロポジションを実現することができると、戦略を有利に展開することができるようになります。

例をあげて考えてみましょう。

**【演習問題】**
Ａｍａｚｏｎが業績を拡大する中、多くの通販会社が影響を受け、業績を停滞させています。しかし、ジャパネットたかた社は、むしろ業績を拡大することに成功しました。その理由は何でしょうか？

ジャパネットたかた社は、テレビショッピングを展開している、日本では著名な企業です。あなたも、その巧《たく》みなプロモーションに一度は触れたことがあるでしょう。

では、ジャパネットたかた社が業績を伸ばすことができている理由を、先ほどの「市場→競合→自社」の流れにあてはめて、バリュープロポジションを明らかにすることで考えてみましょう。

市場：ＷＥＢショッピングの定着により、自宅にいながら買い物をする商習慣が定着。また、コロナ禍《か》で外出ができない時期が続き、自宅からＷＥＢショッピングや通販を利用して商品を購入する人が増えた。

市場の影響をこのように考えてみました。

しかしながら、この分析だけでは、次に競合の分析をする際に、Ａｍａｚｏｎや他の通販会社といった競合が提供できず、ジャパネットたかた社だけが提供できることを見出すのが難しそうです。

そこで、さらに市場を分解し、顧客を限定して、その特徴を見出す必要があります。

ジャパネットたかた社のサービスを利用してい

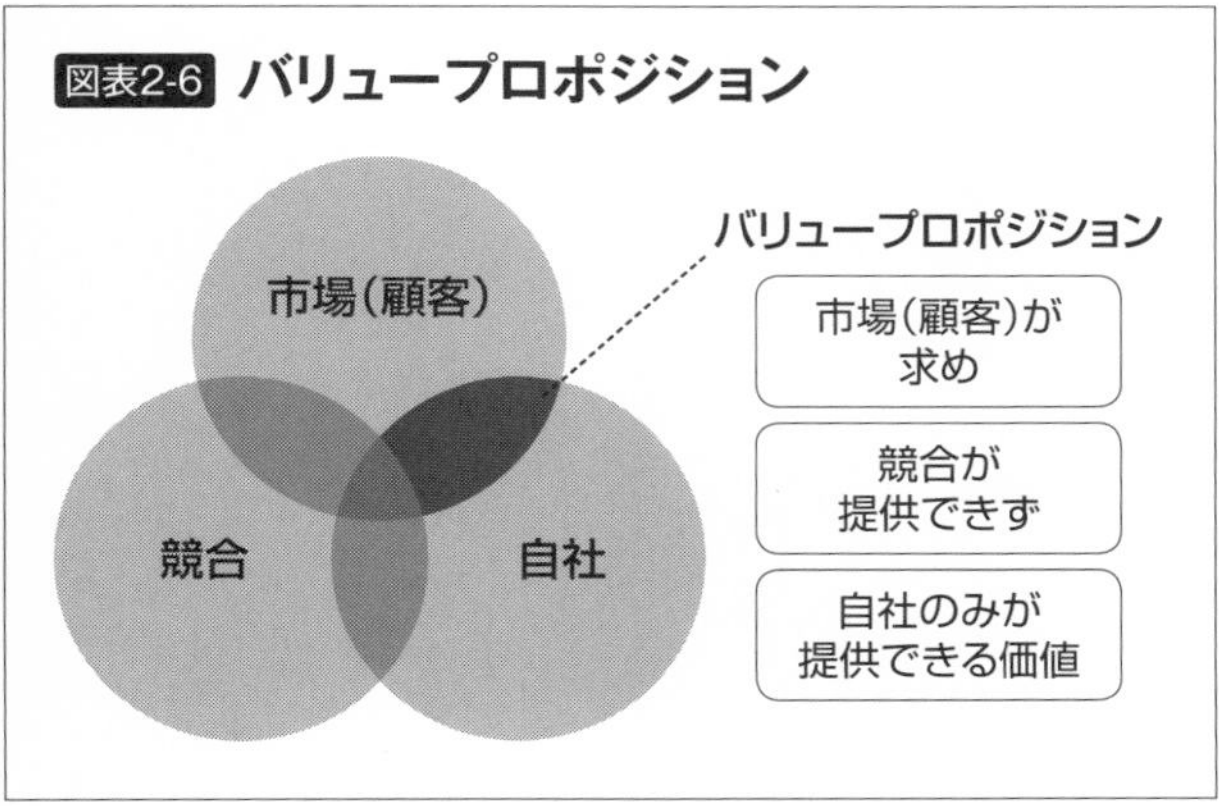

る顧客は、もともとシニアの方が多いと考えられますから、シニアの傾向を踏まえて、さらに市場の特性を書き加えてみましょう。

市場（追加）：シニアのWEBショッピング利用者も増加している。一方で、WEBショッピングに使いにくさを感じる顧客も増えている。例えば、様々な商品を自分で比較をして検討しなければならない、商品の説明がわかりにくい、適切な検索ワードを入れることができない、注文しても届くまでの日数が商品によってバラバラ……など。

このように、**顧客を限定して考えることで、より具体的に市場の傾向や特徴を抽出することができます**。この顧客分析の方法については、次項以降で解説します。

そのうえで、競合の分析に移ります。

競合：Ａｍａｚｏｎや通販会社、その他、小売店の通販サービス。各社とも品ぞろえを強化し、顧客のニーズにマッチさせる努力をしている。一方で、先に示した顧客の負担――自ら検討するのが面倒、商品の説明がわかりにくい、適切な検索ワードがわからない、商品到着までの日数が不明……など――に手厚く対応できている会社はあまり見当たらない。

ここまでで「市場(顧客)が求め、競合が提供できず」までが完成しました。最後に「自社」の視点を加えます。ここでは、ジャパネットたかた社が何をしているか、どこにリソースを集中させているか、という視点から分析します。

自社：ジャパネットたかた社は、顧客が感じる様々な負担を解消するために、以下の取り組みを徹底している。

●商品を厳選して、顧客が迷わず購入して満足する商品に絞って紹介
●テレビを介した実演を交えたわかりやすい説明で顧客の期待を満たし、不安を解消
●電話一本(もちろんWEBでも)で注文ができ、直接オペレーターとやりとりできる

これで、「市場(顧客)が求め、競合が提供できず、自社が提供できる」ことが明らかになりました。これが、ジャパネットたかた社が提供する価値であり、バリュープロポジションと呼ばれる領域です。この価値への期待が増すほど業績が向上します。

バリュープロポジションを定義することは、第3章で解説する戦略の要諦《ようてい》である「戦わずして勝つ」を進めるうえでもとても重要です。

バリュープロポジションを的確に定義するための考え方のポイントは、次の4点です。

- 市場の傾向をつかむ
- 顧客を限定的にとらえ、具体的なニーズを知る(顧客インサイト〈後述〉)
- 競合が市場・顧客に対してできていることと、できていないことを知る
- 顧客が求め、競合が提供できていないところで、自社が提供できる価値を知る

分析をしっかりと行い、この4点を明らかにすることは、戦略的に考えるうえで欠かせません。

## バリュープロポジションを定義する①「セグメンテーション」

バリュープロポジションを押さえるうえで「顧客を知る」ことの必要性を先に解説しました。ここでは、具体的にどのようなステップで、それを行えばいいかを解説します。

**まず、市場を分けることから始めましょう。**

市場とは、自社がビジネスをする範囲です。そこには多くの顧客が存在します。自社のサービスを中心に購入してくれる顧客もいれば、そっぽを向いて競合品にしか手を出さない顧客もいます。市場に存在はするけれども、まったく接点のない顧客もいるでしょう。

このように、市場の中にいる顧客は様々です。たとえるなら、片付け前の洋服ダンスに、様々な服が整理もされず収納されたまま、といった状態です。着る服、着ない服、存在を忘れていた服など、様々あると思いますが、そのような状態の場合、まず整理することが必要です。

洋服ダンスと同じように、市場にいる顧客を整理することから始めましょう。

この、整理し、区分けする作業のことを「セグメンテーション」と呼びます。簡単にいうと「分ける」という作業です。

セグメンテーションをする際に用いる切り口のことを**「軸」**と呼び、分けられた集団のことを**「クラスター」**と呼びます。

「分ける」は「分かる」と同じ漢字で表すように、「〝分ける〟ことは〝分かる〟こと」です。市場を理解し、顧客を理解するうえでは、「分ける」こと、すなわちセグメンテーションが不可欠です。

**戦略的思考が習慣化している人は、分けるのが得意で、好む傾向にあります。**分けなければ分からない、理解できないということを、経験や習慣の中からつかんでいるからです。

では、セグメンテーションの例をあげましょう。

**【演習問題】**

繁華街の駅の改札口を出てすぐのところにある花屋さん。人通りが絶えない環境下で忙しくしています。この花屋さんを利用する顧客は、どのように分けることができるでしょうか？　まず、軸をいくつか抽出してみましょう。

頭の中にお店のイメージができるのではないでしょうか。たくさんの人が行き交う環境下では様々な顧客が存在するでしょう。

仮にあなたがこの花屋さんの戦略立案を頼まれたとしたら、まずやるべきことは市場の理解であり、顧客の分類です。

では、軸を抽出してみるとどうなるでしょうか。

- 性別
- 年齢

●職業
●生活時間帯
●家族形態
●利用目的
……


このような軸が抽出できたのではないかと思います。

軸は他にもたくさん、無限にあり、図表2-7のように、軸そのものもいくつかのカテゴリーに分類できますが、ここではこの六つの軸によって顧客を分けることにしましょう。

すると、どのようなクラスターが浮かび上がるでしょうか?

二つほど例をあげましょう。

①
●性別:女性
●年齢:20代

**図表2-7 「セグメンテーション」の軸の例（コンシューマー向けビジネスの場合）**

| | |
|---|---|
| 地理的変数 | 地域／都市規模／人口密度／気候 |
| 人口統計学的変数 | 年齢／性別／家族構成／所得／職業／学歴／宗教／ライフ・ステージ |
| 心理的変数 | 価値観／嗜好／主義・主張／ライフスタイル／性格 |
| 行動的変数 | 購入量／購入頻度／ブランドロイヤルティ／購入経験／効用感度／購入意向／価格感度／サンプル重要度／マーケティング要因感受性 |

●職業：会社員
●生活時間帯：9〜17時勤務
●家族形態：就職時に上京し、東京に一人住まい
●利用目的：友人との食事会で渡す花の購入

②
●性別：男性
●年齢：40代
●職業：会社員
●生活時間帯：9〜20時勤務（残業含む）
●家族形態：配偶者、子ども二人（小学生）
●利用目的：家に飾る花を頼まれて購入

これらはあくまで仮説にすぎません。実際には、様々なデータから、クラスターの存在を明らかにすることが求められます。**可能な限り先入観を持たずに、データや事実をベースにして、軸から顧客の傾向を導き、クラスターを形成することが効果的です。**

この例では花屋さんを取り上げましたが、個人相手のビジネスだけでなく、法人相手のビジネスにおいても、この一連の流れを踏むことが大切です。

## バリュープロポジションを定義する②「ターゲティング」

次のステップは「ターゲティング」です。

**セグメンテーションでクラスターを明らかにしたら、様々あるクラスターの中から、「シンボリックなクラスター（顧客）」を特定してください。**この作業をターゲティングと呼びます。

ターゲティングは、戦略的思考の大切な観点である「選択と集中」の視点からも必要です。

すべてのクラスターに対してリソースを振り分けると、特定のクラスターに集中的にリソースを投入する競合に対して勝ち目が薄くなります。また、自社のビジネスの特徴も見えづらく、わかりづらくなるでしょう。

そのため、シンボリックな顧客をターゲットとして設定し、そのターゲットに選んでいただける商品やサービスを作り込み、わかりやすく展開するのです。

この思考については73ページの「選択と集中」のところでも解説していますので参考にしてください。

バリュープロポジションを実現するうえでは「市場(顧客)の求める価値」を最初に定義することが必要でした。それは、言い換えれば、「シンボリックな顧客が求める価値」です。

この定義が曖昧《あいまい》だと、そのあとのシナリオがすべて

図表2-8 「セグメンテーション」から「ターゲティング」の流れ

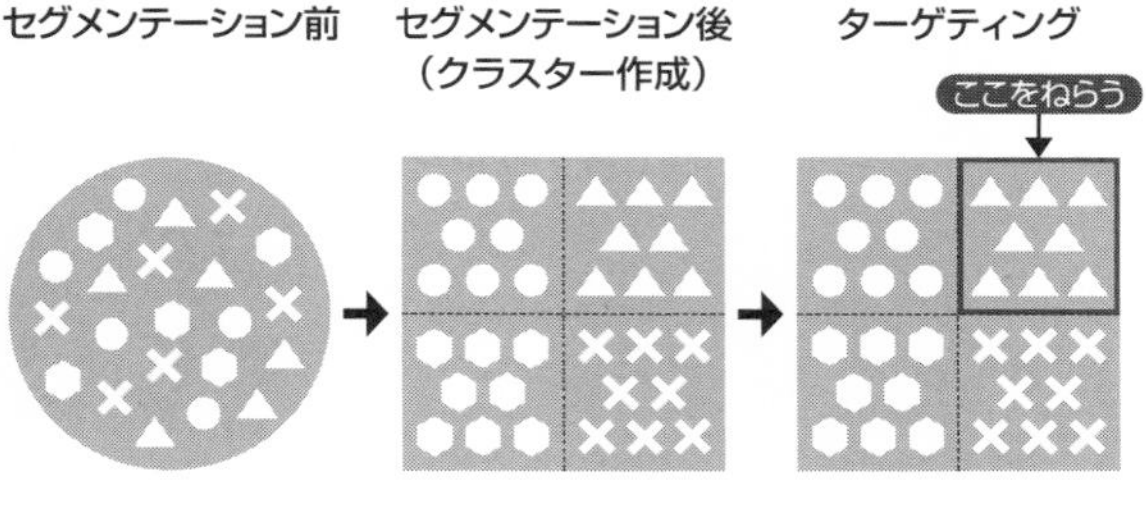

曖昧になり、わかりにくい戦略につながってしまいます。

## バリュープロポジションを定義する③
## 「顧客の〝不〟」を考える～顧客インサイト

バリュープロポジションを定義する流れについて話を進めましょう。

改めて繰り返すと、バリュープロポジションとは、「市場(顧客)が求めていて、競合が提供できず、自社が提供できる価値」のことでした。

ここまでで、「顧客が求めていて」という部分を知るために、まず「顧客を分類する」プロセスについて解説をしました。

「分類して、ターゲットがわかったら、それでいいのでは?」と思う人もいるかもしれませんが、これだけでは不十分です。

**ターゲットに設定したシンボリックな顧客が何を求めているのかを理解することが、その後のバリュープロポジションの定義につながります。**

ここでも例をあげて考えてみましょう。

【演習問題】

人気を博した「RIZAP」のボディメイク。シンボリックなターゲット顧客は誰で、その顧客はどんな価値を求めているのでしょうか？


誰もが知っているサービスということで、RIZAP社のボディメイクを例にあげたいと思います。

RIZAP社は、ボディメイク市場において、パーソナルトレーニングという手法を定着させた企業です。ヒットしたということは、顧客が求める価値と企業が提供するサービスが重なったと考えられます。

では、誰に対して、どのような価値を提供したのでしょうか。ターゲットと、その顧客が求めている価値を想像してみましょう。

本来はデータから仮説を立てるべきですが、ここではCMから読みとれる情報で仮説を立てます。

ターゲットについては、

- 性別：問わず
- 年齢：40～50代
- 職業：運動を必要としない仕事
- 生活時間帯：日中だが、夜間に飲酒や食事の機会が多め
- 家族形態：問わず
- 利用目的：ダイエットをしたい

とイメージすることができました。

ただ、これだけでは、RIZAPを他のスポーツクラブと差別化するだけの視点が不足しています。

このクラスターの人が抱える課題やニーズをより深く知ることで、「競合が提供できず、自社が提供できる」という部分を定義しやすくなります。

では、顧客のニーズをさらに深掘りするためにするべきことは何でしょうか？

それは、「顧客の〝不〟」を考えることです。こうした顧客の潜在的な欲求を探る思考を「顧客インサイト」と呼びます。インサイトとは洞察《どうさつ》すること。つまり、顧客インサイトとは、顧客の立場から顧客が感じていることを深く洞察することです。

顧客の〝不〟とは、不のつく感情を意味します。

- 不便
- 不安

図表2-9 "不"の感情に基づく顧客インサイト

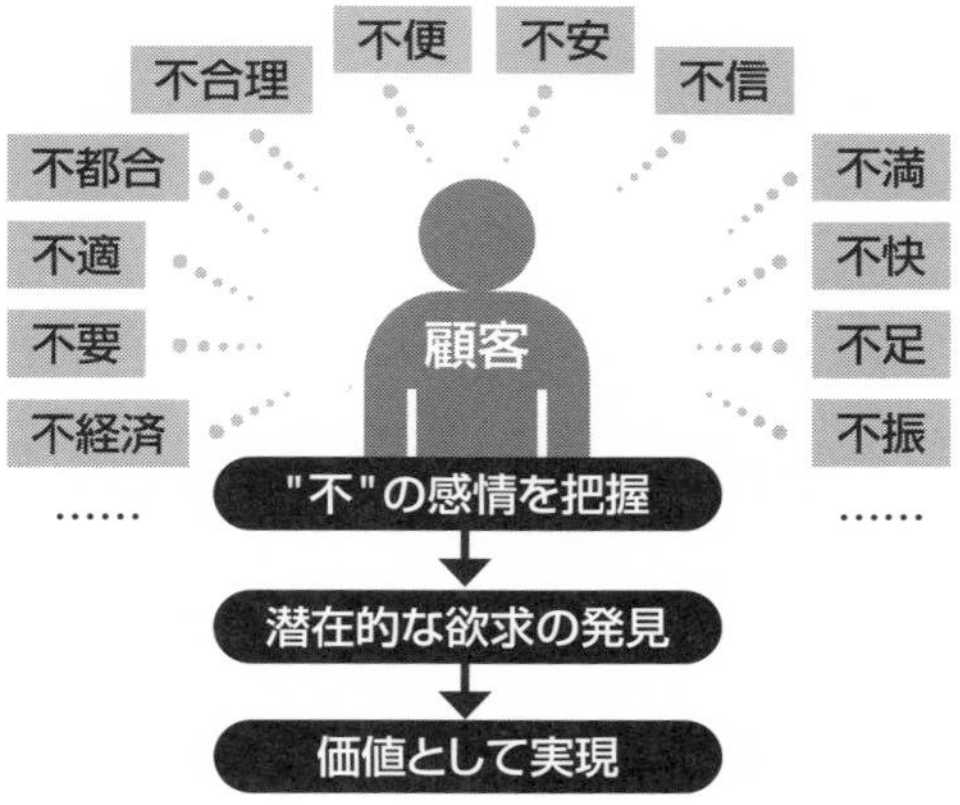

- 不信
- 不適
- 不要
- 不満
- 不快

……

他にもありますが、顧客が感じる不の感情をキャッチすることが、より深く顧客を知ることになります。

**ニーズとサービスが飽和気味な市場においては、ほとんどのニーズは既存の商品やサービスで満たされています。しかしながら、どんなに商品やサービスが充実しても、新たな不満が生じるものです。顧客インサイトを通じて、そこを素早く、正確にキャッチすることができると、競合との差別化につなげやすくなります。**

話を戻して、RIZAP社がターゲットとする、先にあげた顧客は、どのような不の感情を持っているでしょうか。

●不便：時間や場所の融通《ゆうずう》が利《き》かないと不便
●不安：本当にダイエットに成功できるか不安。長続きするか不安
●不信：本当に成果が出るのか不信
●不適：本気で痩《や》せようと思っている自分にとって既存サービスは不適
●不要：痩せるうえで効率の悪い機材や施設は不要
●不満：もっと自分にあったアドバイスが欲しいけれど、もらえないことが不満
●不快：人に見られながら運動をするのが心理的に不快

あくまで憶測で並べてみましたが、このような不の感情があげられるのではないでしょうか。

RIZAP社は、顧客が抱える不の部分を解消するサービスを考案し、提供することで、顧客の支持を得ることに成功しました。

特に、ダイエットに臨む人が抱える「不安：本当にダイエットに成功できるか不安」という部分に対して、「結果にコミットする」という言葉と成果保証のサービスで安心感を与えたことが、支持につながったのでしょう。

過去にダイエットに失敗した経験があり、不を感じている顧客を、クラスターとして顕在化させ、既存の競合のサービスでは満たされていなかったところを解消するサービスを提供することが、ＲＩＺＡＰ社の戦略的なシナリオだといえると思います。

## バリュープロポジションを定義する④「強みと弱み」を知る

バリュープロポジションを定義する最後のステップは「強みと弱みを知る」です。

市場の傾向をつかみ、顧客を分類し、顧客を知ることができたら、「競合が提供できず、自社が提供できる価値」を定義するステップに進みます。その際に、顧客が求める価値に照らして自社の強み・弱みを仕分けし、そして、「強み」にフォーカスすることが必要となります。

では、具体的に、どのように強みや弱みを知り、定義すればいいのでしょうか。

ここではフレームワークを用いると効果的です。

先に示した不の感情の一覧をフレームワークとして、それに照らして競合と自社を比較することで、競合と比べたときの自社の強み・弱みを整理することができます。

どういうことか、例をあげて考えていきましょう。


**【演習問題】**

アメリカ発のコストコが日本で成功した理由は何でしょうか？


コストコは大型のスーパーマーケットです。一度でも行ったことがある人は、その規模、商品の豊富さや大きさ、独特な雰囲気に圧倒されたのではないでしょうか。のびのびと回遊することができ、大型のカートを押しながら、他のスーパーではあまり見られないサイズと種類の商品に出会うことができます。

コストコはアメリカ以外でも自社の強みを軸に成功しています。

では、日本のスーパーと比較して、日本におけるコストコの強み(弱み)はどこにあるのでしょうか?


**強みや弱みを考える前に、これまでの定石にならって、コストコがターゲットとしている顧客をイメージしておきましょう。**

●性別:問わず
●年齢:30~40代
●職業:会社員または自営業
●生活時間帯:平日は忙しく、週末に休み
●家族形態:4人以上、多世帯住まい(または近隣に居住)、車所有
●利用目的:必要なものや目新しいものをまとめ買いしたい、友人とシェアしたい

ポイントは、「利用目的」の「必要なものや目新しいものをまとめ買いしたい、友人とシェアしたい」というところにあります。この利用目的を軸に、顧客の不を洗い出すと、どうなるでしょうか。

●不便：車で行けないと不便
●不安：安く買えているのか不安
●不信：よく知らない海外製品への不信感
●不適：週末にまとめ買いをする目的では街中のスーパーは不適
●不要：過剰なサービスは不要
●不満：いつも同じような商品しか買えず、エンタメ要素がないことが不満
●不快：狭いスーパーでの買い物が不快

といったところでしょうか。

あくまで私の解釈をもとにした仮説を並べていますが、実際にこの作業を行うためには、データの分析、アンケートの収集、顧客へのヒアリングを重ねて検証する必要があります。

では、この不を軸に、コストコの強みを考えてみましょう。

●不便：車で行けないと不便　↓　アクセスしやすく、広い駐車スペースを確保
●不安：安く買えているのか不安　↓　間接費を抑えることで、安値で提供
●不信：よく知らない海外製品への不信感　↓　グローバルチェーンの安心感
●不適：週末にまとめ買いをする目的では街中のスーパーは不適
　↓　まとめ買い推奨サイズ
●不要：過剰なサービスは不要
　↓　会員制、セルフサービスで安さ重視
●不満：いつも同じような商品しか買えず、エンタメ要素がないことが不満
　↓　見たことのない商品を品ぞろえ。ホットドッグやジュースが安価でゲットできるエンタメ要素あり
●不快：狭いスーパーでの買い物が不快
　↓　広い空間。大型カートで買い物

このようにあてはめることができます。

コストコは、ターゲットとした顧客に対して、自社特有の強みを最大限に生かすことで、ビジネスを有利に展開していることがわかります。

もちろん、コストコにも弱みはあります。しかし、強みを軸に戦える（ビジネスができる）ターゲット顧客を設定することで、強みを生かす経営・事業ができているということです。

あなたの企業や事業にも強みや弱みがあるでしょう。

**問うべきは、「強みを生かした経営・事業ができているか？」ということです。**

弱みを克服するという視点も大切ですが、それには時間がかかります。「自社が有している強みを武器にできないか」と考えるほうが、より効率的で、効果的です。

そこで必要になるのは、自社が有している強みを軸にした商品やサービスとマッチする顧客を見つけること、定義すること、場合によっては創り出すことです。

ただし、間違えてはいけないのは、アウトサイド・インであることは必須だということです。

**「自社の強みはこれだから、この強みをＰＲしていこう」という内側からのインサイド・**

**アウト的思考では、変化が激しく、競合が多い市場環境を生き抜いていけません。**

まず、市場はどうで、顧客は誰で、どんな不を抱えているか、ということをしっかりと踏まえたうえで、自社の強みが生かせる顧客をターゲットとして据える。そして、価値をしっかりと創り上げ、届けていく。この思考のプロセスを踏むことを忘れてはいけません。

# 第3章

# 努力に依存しない
# シナリオを描こう

## 「いい戦略」「わるい戦略」とは何か？

ここまで、戦略的思考とは何か、そして、目標を達成するシナリオを実現するうえで必要なアウトサイド・インを軸とした考え方とはどういうものかについて触れてきました。

では、いい戦略とわるい戦略は、どのように見極めればいいのでしょうか？　本章では、それをいくつかの視点から考えてみたいと思います。

まず、次の演習問題に答えてみてください。

**【演習問題】**

次の戦略は、いい戦略、わるい戦略の、どちらに該当するでしょうか？　理由も考えてください。

a　競合が価格を下げて市場シェアを高めてきたため、その市場においてトップシェアを持つ自社も価格を下げて、競合より少し高めの価格で対抗することにした

b　他社がブランド力で信頼を獲得している市場に、技術力でその企業を上回っていることを理由に、新規参入を決定。販路を自ら構築し、営業展開をスタートさせた

c　新たなサービスを展開する際、ターゲットとなる業種やエリアが多岐《たき》にわたるため、それぞれの業種やエリアごとに担当チームを作り、責任を持たせて営業活動を任せた

いずれも実際に起こり得るケースだと思われます。それぞれの戦略が「いい戦略」か「わるい戦略」か、判断をつけられるでしょうか。

この判断をするためには、「いい」「わるい」の判断基準を持っておかなければなりません。そこで、その基準を明確にしたうえで、解説をしていきたいと思います。

戦略の「いい」「わるい」を判断する基準をあえてシンプルに表現すれば、

**成果が現場の努力に依存しすぎていないかどうか**

という点につきます。

どういうことか。例をあげて説明しましょう。

『永遠の0《ゼロ》』という映画（山崎貴監督／2013年公開）を観たことはあるでしょうか。あるいは、その原作の小説（百田尚樹《ひゃくたなおき》著／講談社文庫）を読んだことはあるでしょうか。

この物語は、第二次世界大戦下の日本軍の戦略の在り方と、その戦略のもとで戦うことを余儀なくされた軍隊、人物のありようを著《あらわ》しています。

その中では、兵士が段階的に、時を重ねるごとに疲弊《ひへい》し、士気を落としていく様子が如実《にょじつ》に描写されています。例えば、基地からゼロ戦で長距離飛行をして、そこで敵軍と戦闘をしたうえで、そのまま、また長距離を飛んで基地に帰還する様子などが描かれています。

そうした戦略のもとで戦う兵士は、体力、精神力ともに次第に奪われ、ひいては指揮官に対する信頼も低下し、組織としての求心力が失われてしまいます。こうしたことの重なりが敗戦を決定的なものにしてしまうのです。

仮に戦略が優れていて、兵士が過度に体力や精神力を奪われない環境で戦うことができたとしたら、どうでしょうか。また違う結果を生み出したに違いありません。

このように、実際の戦争においても、できるだけ兵士に負担をかけずに目標を実現することを考え抜くのが戦略の意義であり、価値です。しかし、時にそのことが忘れ去られ、兵士の努力と体力、精神力に依存した戦略が立案され、実行されてしまうのです。

**「戦わずして、勝つ」を実現することが、いい戦略の絶対条件です。**それをわかりやすく言い換えたものが、「成果が現場の努力に依存しすぎない」という視点です。

仮に、あなたの上司が、目的や目標を伝えたうえで、「あとはみなさんの努力次第です」と言い放ったとしたら、そこに戦略は存在しません。

また、「ああして、こうして……」と戦略を述べたとしても、それが現場の社員の過度な労働を前提にしていたり、いわば「無理ゲー」のようなターゲット顧客攻略や競合との争いを前提にしていたりしたとしたら、それはいい戦略とはいえません。

まとめると、「いい戦略」とは、次のようなものです。

- **戦略をしっかりと遂行《すいこう》すれば結果が伴《ともな》ってくるロジックが存在する**
- **社員にとってやるべきことがシンプルでわかりやすい**
- **社員がやるべきことに無理がない**

この三つの条件を備えたとき、その戦略のもとで、チームは効果的な成果を生み出すことができます。

では先ほどの演習問題のa～cは、いい戦略といえるでしょうか？

**答えは、すべてNO**です。どれもいい戦略とはいえません。

なぜなのか、簡単に解説しましょう。

a　トップシェアを持つ自社が価格を下げ、価格で競合と争うことは、結果的に市場を縮小させることにつながります。競合を市場から撤退させるほど競合を下回る、インパクトのある価格を設定するのであれば別ですが、単に競合よりも少し高めの価格にするだけでは強みになりません。また、単価が下がると、同じ目標を実現するためには、社員の稼働《かどう》を増やすことが必要になります（もちろん、社員の稼働に依存しない仕組みがセットで開発されていれば話は別です）。

b　他社がブランド力で信頼を得ている市場で、技術力だけを武器に営業展開し、ブランド形成を支援しないと、現場の営業担当者の負担が大きくなります。

c　ターゲットの業種ごと、エリアごとにチームを分けて新たなサービスを展開することは、一見すると合理的に見えます。しかし、各チームがバラバラに経験を重ねることになり、組織内でナレッジが蓄積されにくくなったり、ＰＤＣＡサイクルを一体としてまわしにくくなったりするので、結果として、営業現場任せの状態になることが想定されます。

もちろん、前提が加わることで判断が変わることはあります。しかし、いずれの戦略も、「戦わずして勝つ」ための工夫や知恵の絞り出しが不足している感が否《いな》めません。

いい戦略を描くためには、語弊を恐れずにいえば、**「いかに現場に楽をさせるか」**を考え抜くスタンスと意識が求められます。

ここで参考になるのが戦略の「定石」です。第1章でも触れましたが、過去の優れた戦略や他企業の秀逸《しゅういつ》な戦略、または各種「戦略論」をヒントにすることで、定石を参考にできます。

すべての定石を扱うのには紙面が足りませんので、一部となりますが、次項から、「いい戦略」を描き、実行するための考え方とポイントについて、戦わずして勝つためのいくつかのパターンを考えていきましょう。

## 戦わずして勝つ方法①「ルール・メイカー」「ルール・ブレイカー」になる

一つ目は、「ルールを創る」です。

戦いに巻き込まれたとき、または、現場の負担が大きい状況に追い込まれたとき、考えるべきは、その背景にある「ルール」の存在です。「ルール」は、先行者が有利になることをねらって創られていることが多い。先行者にとって有利であるということは、後発の場合は不利になるということです。

したがって、**ルールが既に形成されている市場に参入する、そこでビジネスをする、ということは、競合に比べて不利な状況で戦う状況を受け入れる、ということです。**このことを理解しておかなければなりません。

しかし、そうした状況であっても、ルールを自ら創ったり、変えたりすることができれば、自社にとって有利な展開を創り出せる可能性が生まれます。

ルールを創る人や企業のことを「ルール・メイカー」、既存のルールを壊し、変革をもたらす人や企業のことを「ルール・ブレイカー」と呼びます。

ルール・メイカーやルール・ブレイカーになるためには、**まずは市場の前提に横たわっているルールを知ること。そして、もしルールがなければ創るし、ルールが存在すれば変えることにチャレンジすること**です。

ルールを変えるとは、どういうことか。次の演習問題で考えてみましょう。

**【演習問題】**

次のケースは、どのようなルールの変更を意味しているでしょうか?

●ダイソンがテレビCMで「お求めは製造元へ」と消費者に伝え、自社サイトへ誘引《ゆういん》している
●出前館やUber Eatsがフードデリバリーサービスを飛躍的に成長させている
●WEB環境を中心に通学、履修《りしゅう》ができる環境を整えて提供する学校が増えている

これまでの流通業界では、メーカーがモノを作ったら、量販店などの小売店で販売することが当然の流れでした。ダイソンは、その流通ルートは確保しつつも、消費者との直接の取引を積極的に増やそうとしています。これは、一種のルール変更を仕掛けているといえる取り組みです。

出前館やUber Eatsは、フードデリバリービジネスにおいて、まさにルールを創ることに成功しました。他にも参入企業が続々と増えている状況です。

N高等学校やゼロ高等学院をはじめとするWEB環境での学習を中心とした学校も影響

力を増しつつあります。明治維新以来、約150年間にわたり変化をとげてきていないといわれる日本型の教育システムに一石を投じたWEB教育ですが、今はルール創成期です。これから参入する企業が増え、ルールの変更を仕掛けてくる存在も現れるかもしれません。

ルール・メイカーやルール・ブレイカーは、他にも数多くあります。WEBで審査、申し込みが簡単にできることを売りに成長をとげた後発の生命保険会社、ライフネット生命もその一つです。

生命保険会社は、保険料の構造を公開しないというルールの中でビジネスをしてきました。ところが、ライフネット生命は、自社の保険料がどのように契約者の保障にあてられ、どのくらいが自社の経営のための運転資金にあてられるのかを公開しました。これは業界でタブー視されていたことです。そこに挑《いど》んだのです。

これはネット販売を軸にするライフネット生命だからこそできることで、大勢の営業職員を抱える人的販売中心の保険会社には難しいことでした。

こうしたスタンスや低額の保険料は市場の支持を獲得し、後発ながら成功することができました。新たなルールを自ら創り出し、独自のマーケットを見出すことで、成功したのです。

このように、**「戦わずして勝つ」**を実現するためには、**自らルールを創り出す、変えにいく、といったスタンスをとることも有効**です。既存のルールで戦うことを前提にするよりも、さらに有利な展開を実現できるかもしれません。

ただし、忘れてはならないのは、**ルールを創り出したり変えたりするときには、社内外に抵抗勢力が現れる**ということです。

戦略の要諦は「戦わずして勝つ」ですから、これらの抵抗勢力と争うこともできるだけ避ける必要があります。このあたりの戦略的思考については、第4章で解説することにします。

## 戦わずして勝つ方法②
## No.1を極め、ファーストコールをゲットする

次の視点は、「No.1をとる」です。

あなたは、日本で一番高い山をご存じでしょうか？　……はい、富士山ですね。
では、2番目に高い山をご存じですか？

正解は、北岳《きただけ》。南アルプスの名峰《めいほう》ですが、日本で2番目に高い山を聞かれて答えられる方は少ないのではないでしょうか。

このように、人は一番のものを記憶にとどめ、話題にし、広める傾向がある一方で、2番目より下になると、その印象が一気に薄れてしまいます。

ですから、No.1をとれば、過度なプロモーションや営業活動に依存しない、「いい戦略」が可能になります。

「No.1をとるのは大企業でないと無理だ」と思われるかもしれません。しかし、そんなことはありません。次の演習問題を考えてみてください。

**【演習問題】**

私には、家族で月1回程度行く、行きつけのちゃんこ屋さんがあります。味やボリューム、店の雰囲気が好きで、「ちゃんこといえばここ！」と、私の頭の中では「ちゃんこ屋No.1」の店です。

小学生の子どもたちも行きたがるのですが、理由は私とは少々違うようです。子どもたちにとっては、何が魅力的なのだと思いますか？

さっそくですが、正解をお伝えしたいと思います。

そのちゃんこ屋さんは、帰り際に子どもにおもちゃをくれるのですが、それだけでは他のお店でもよくあることでしょう。

しかし、このちゃんこ屋さんの店主は、威勢よく、**「2個持っていっていいよー」**と声をかけるのです。

そう、この「2個」というのがポイントです。子どもたちは「おもちゃをくれるお店は他にもあるけど、2個もくれるお店はここしかない！」ということで釘付けになり、印象を強く残すことになっていたのです。

「おもちゃ2個もらえるところ行こうよ」と子どもたちから声をかけられる状況が続き、いつの間にか常連になってしまいました。

このように、何らかの特徴を際立《きわだ》たせることで、No.1を創り出すことができます。それは、必ずしも売上やシェアといったものでなくてもいいのです。

こういった考え方のことを**「ポジショニング戦略」**といいます。

ポジショニング戦略とは、ターゲットとする顧客の頭の中に、自社にとって有利な状態で印象を形成してもらう戦略です。第2章で解説をした、セグメンテーション、ターゲティングの次に位置付けられる企業の活動です。

ポジショニング戦略には、大きく分けて二つの方向性があります。

**●方向性1：既存の軸の中でNo.1をとる**

**●方向性2：新規の軸を置いてNo.1をとる**

顧客は自然と、自社と競合を頭の中で位置付けています。その位置付けを可視化したものが「ポジショニングマップ」と呼ばれるものです。

通常、縦軸と横軸で4象限《しょうげん》を形成し、その中に自社と競合を位置付けて表

**図表3-1　喫茶店チェーンのポジショニングマップ（著者の主観による）**

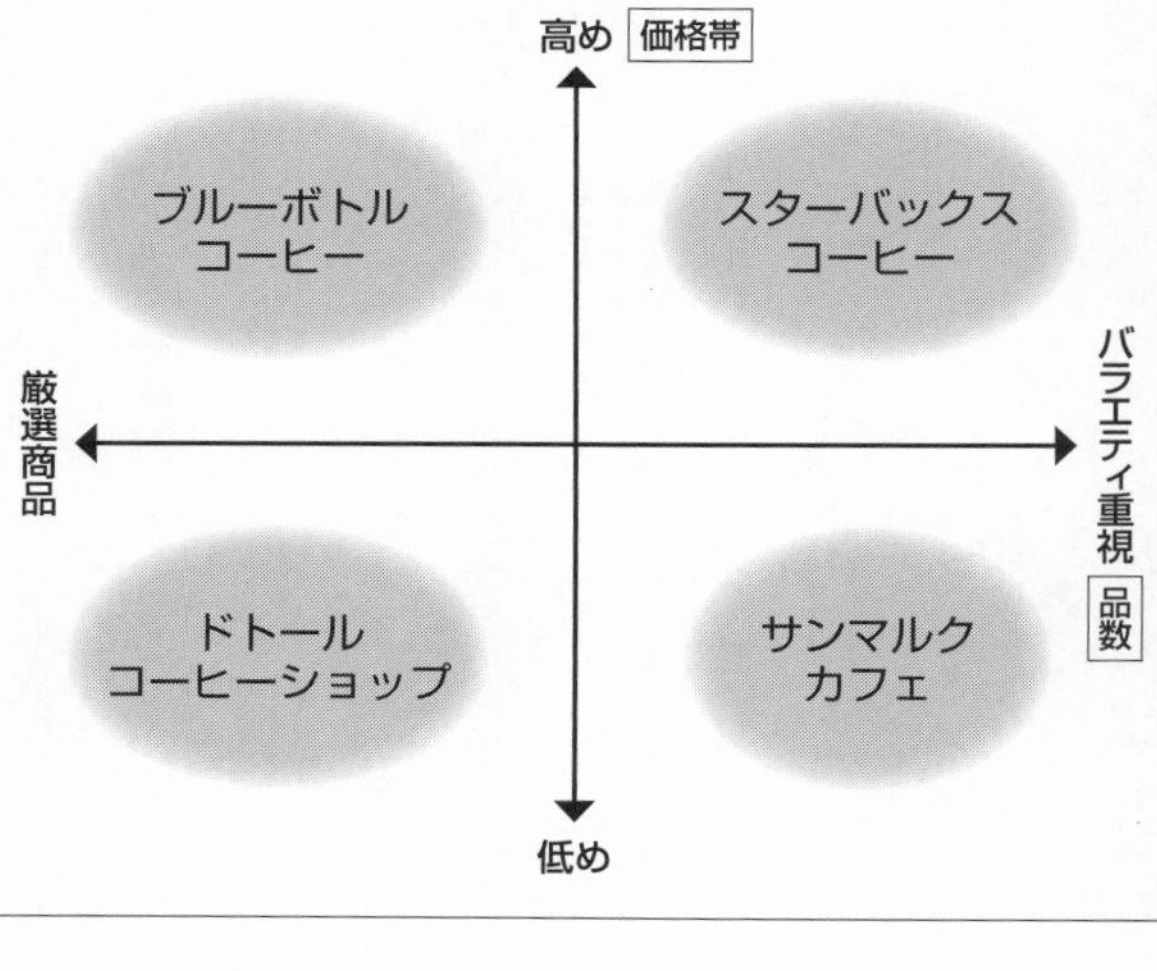

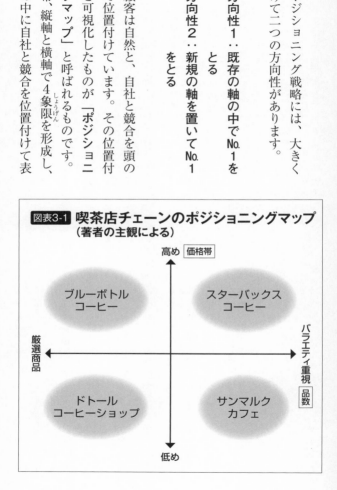

現します。

方向性1は、ポジショニングマップの縦軸・横軸を既存のものから変えずに、自社の位置付けを変える戦略です。

例として、喫茶店チェーンで考えてみましょう。

縦軸に価格帯(高め⇕低め)、横軸に品数(バラエティ重視⇕厳選商品)をとると、あくまで私の主観ですが、図表3-1のようにポジショニングマップを描けます。

ここで自社が戦略的なポジションをとるためには、どちらかの軸で№1をとる必要があります。

仮に「バラエティ重視」の軸で№1をとるとしたら、スターバックスコーヒーやサンマルクカフェをしのぐ商品のバラエティを用意し、PRすることが求められます。

方向性2は、新規の軸を置いて№1をとる戦略です。この場合は、既存の軸を見直す必要があります。

ユニクロを展開するファーストリテイリングは、ヒートテックやエアリズムなどのテクノロジーを商品の要素として取り入れ、PRし、成功を収めました。これは「機能性」という既存の軸を強めたという見方もできますが、それまでのアパレルにはない、素材の「テクノロジー」を最大限にPRすることで、新たな軸を創り出し、そこで自ら№1を獲得したといえると思います。

このように、**「戦わずして勝つ」ためのいい戦略を描くうえでは、ポジショニングを考え、ねらいを定め、展開することが重要**です。

その際、忘れてはいけないのが、前提となるセグメンテーションとターゲティングです。しっかりとターゲットを見据え、そのターゲット顧客のニーズや不の感情を押さえる効果的な軸を設定することで、ポジショニング戦略が意味のあるものになります。

そして、№1の存在には「最初に声がかかる」傾向があります。これを「ファーストコール」と呼びます。

自社がターゲットとした顧客が問い合わせをしたいと考えたときに、最初に声をかけてもらえる存在になれているでしょうか？　ファーストコール先に選ばれることは、信頼されている証《あかし》ですし、ビジネスを有利に進めるうえでも効果的です。

では、どのようにすれば、ファーストコールをゲットできるのか？　次の例で考えてみましょう。

**【演習問題】**

東京のタワーマンションで暮らす共働きのカップルが、春になったので、冬物の衣服をクリーニングに出したいと考えました。そのとき、真っ先に思いついたのが、兵庫県西脇《にしわき》市に本社を構えるクリーニング会社のリナビスでした。いったい、なぜでしょうか？

リナビスは宅配クリーニング事業を展開していて、日本全国に顧客を抱えています。東京のタワーマンションに住んでいる顧客も多くいます。

それは、リナビスのサービスに、次の二つの特徴があるからです。

一つ目の特徴は、「保管」ができること。クリーニングを依頼した衣服を、最長12か月、無料で保管してくれます。

もう一つが、「おせっかい」をやいてくれること。単にクリーニングをするだけでなく、衣服の簡単な修繕《しゅうぜん》までしてくれます。

東京のタワーマンションに居住している共働きのカップルを想像してみましょう。二人とも仕事をバリバリしているので、時間がなく、衣服も必要です。一方で、東京のマンションの部屋の収納力には限界があります。また、修繕する時間がないために、糸がほつれた服もそのまま……なんてこともあるかもしれません。

リナビスのサービスは、こうしたタワマン住民の不の感情にぴったりとはまる特徴を二つ並べることで、他にはないポジショニングを実現し、ファーストコールを受ける立ち位置を確立しているのです。

リナビスはメディアでもよく取り上げられます。『カンブリア宮殿』(テレビ東京系)や様々な情報番組にも露出しています。これも、「おせっかい」というわかりやすいキーワードがあることで、メディアが取り上げやすいのだと考えられます。

露出が増え、検索する人が増え、利用する人が増え、口コミが増え……という好循環を生み出していますが、その起点となっているのは、「最長12か月保管が可能」と「おせっかい」という二つのシンプルな特徴です。そして、繰り返し同じメッセージを発信する。このことが、ファーストコールの獲得につながっています。

もちろん、競合が追随《ついずい》してくるのも事実です。新規客獲得の争いは、サービスが有名になればなるほど過激になります。

したがって、**ファーストコールを獲得するための最大のポイントは、顧客を獲得したあと、その顧客に満足してもらうこと**。満足した顧客は、他の選択肢と比較するコストを負担するぐらいなら、確実性が高く、既に満足を得たことがあるサービスや商品を選ぶでしょう。

その顧客はファーストコールの担《にな》い手になり、その数が増えれば増えるほど、「戦わずして勝つ」を実現できる戦略的な企業になっていきます。

## 戦わずして勝つ方法③
## 味方を増やす

戦わずして勝つ定石の一つに、敵を少なくすることもあります。言い換えれば、味方を増やすということです。

この方法は、大きく次の三つに分かれます。

**①M&Aなどを駆使《くし》して、競合と統合する、または提携する**
**②競合と共通の敵を創り出して、ともに知恵と工夫を絞り出し、市場を広げる**
**③顧客を味方につけて、ともに市場を広げていく**

一つ目の「M&Aなどを駆使して、競合と統合する、または提携する」は、味方を増やすうえで、王道といえるものです。しかしながら、一定の資本力や資金調達力が存在しないと実現できません。

必ずしも全社レベルの提携ではなく、事業提携を行うという考えもあります。

二つ目の「共通の敵を創り出して市場を広げる」は、既存のビジネスでは競合関係にある企業同士が、例えばカーボンニュートラルの実現といった、社会全般に共通して必要とされる目的においては手を組んで、ともに事業を動かす、技術を開発する、といった展開です。1社の取り組みでは心許《こころもと》ないときに、競合と一緒になることで市場を創り上げるパワーを高めることができ、結果的に、その領域においては味方を増やすことにつながります。ポイントは、共通して臨めるテーマを創造し、互いに目標を共有することです。その際、企業をまたいでこうした働きかけができるリーダーの存在が欠かせません。

三つ目の「顧客を味方につけて、ともに市場を広げていく」については、次の演習問題で考えてみましょう。

## 【演習問題】

従来から作業服市場で長期にわたりトップシェアを誇ってきたワークマンは、新たな成長をとげるために一般顧客層への展開を広げ、販売している製品は「高機能ウェア」としての地位を確立しました。その過程において、作業服以外の経験に乏しかったワークマンは、一般顧客層に展開する製品の開発や市場浸透を図るために積極的にある取り組みを行いました。それは何でしょうか？

ワークマンは一般顧客層における「高機能×低価格」というセグメントを開拓し、顧客層の支持を得ていますが、もともと作業服の開発と販売の経験のみを有している中で、どのようにこのセグメントを開拓していったのでしょうか。

成功の要因となったのは、積極的に顧客を巻き込んで、ともに製品を開発し、ともにPRをする、という戦略でした。

ワークマンは個人ブロガーに向けた新製品説明会を積極的に行い、その場で製品を持ち帰ってもらって、実際に使用してもらったうえで感想を求め、その意見を製品開発に反映させる、というサイクルをまわしました。

また、「#ワークマン女子」という新業態を開発し、アンバサダー制度を導入。ワークマンの製品を好み、積極的に製品を紹介してくれる顧客をアンバサダーに任命し、製品開発やPR活動、店舗の設計に共同して取り組みました。ちなみに、アンバサダーには金銭的な報酬はありません。

このように、**自社の強みと弱みをしっかりと把握したうえで、弱みを補完するために顧客の力を借り、結果的に自社のリソース以上の味方を増やして市場を創り出すことに成功したのです。**

第2章で解説しましたが、自社の「今あるもの」だけにとらわれず、制約を外すことで、味方を増やす。これも戦わずして勝つための定石の一つといえるでしょう。

## 戦わずして勝つ方法④　バリューチェーンで圧倒的な強さを実現する

企業の活動を輪切りにし、価値が連鎖《れんさ》していく様子を表したフレームワークを「バリューチェーン」と呼びます。

企業が生み出す商品やサービスの価値は、様々な活動が連鎖することによって実現しています。例えば、缶ビールのおいしさの要素の一つに「鮮度」があげられます。工場で作られてから、できるだけ短期間のうちに消費者の手元に運ぶことで、鮮度が保たれ、おいしさを届けることができます。ということは、缶ビールの価値を高めるには、「製造 ↓ 物流 ↓ 販売」のリードタイムを短くすることも重要なテーマになります。

このように、バリューチェーンを軸に競合と自社を比較することで、自社の強みを最大化することができます。

別の例も考えてみましょう。

**【演習問題】**

「お、ねだん以上。」をキャッチフレーズにしているニトリは、物流を自前で行うことで、競合には実現できない価値を生み出しています。その価値とは何でしょうか？

ニトリのＷＥＢサイトには、次のように書かれています。

「お客さまの求める商品が、売り場にないこと」。ニトリでは、そのような状態にならないよう、あらゆる努力をします。国内外多数の物流拠点をもち、複雑な需給の流れを管理しながら、常に、最適なタイミングで日本中の売り場に商品を供給し続けることの難しさを、私たちは誰よりも実感してきました。従来の物流は商社や専門会社を介するのが一般的であり、自社で行うとすると巨大

図表3-2 バリューチェーンとデコンストラクション

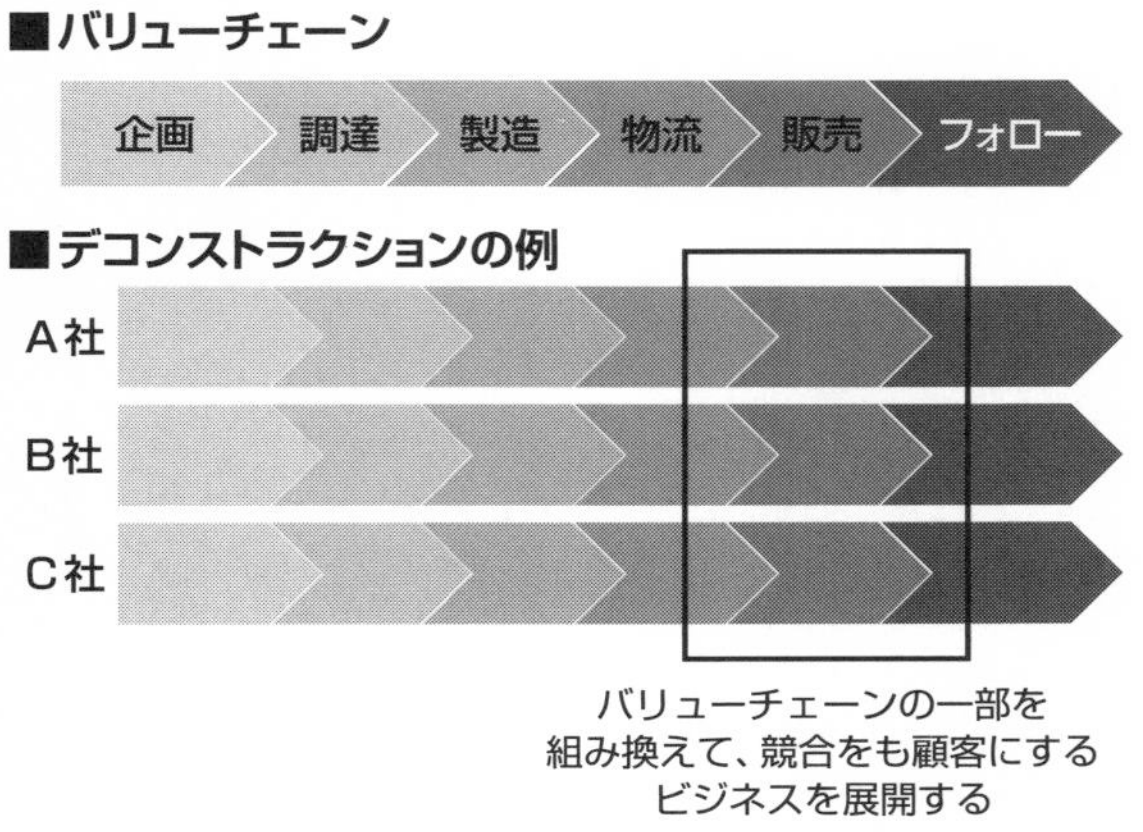

なインフラ構築が必要となるため、実現は困難です。

しかし、すべてのプロセスを自分たちで担う〝自前主義〟を掲げるニトリは、物流に係るコストを抜本的に変えることが、どれだけ「高品質・低価格」への近道であるかを知り、今後の成長を支える確かな土台となることを見据えていました。

前例のない〝自社物流〟への改革は、一歩ずつ、しかし着実に進められてきたのです。

https://www.nitori.co.jp/topics/dokuhon/chapter03/01.php

ニトリは自社物流に向けて改革を行い、それを完成させました。

海外に製造拠点を移し、国内の店舗とダイレクトに結ぶ。店舗への配送スピードをあげることで在庫とスペースを抑え、コストを低減する。商品供給の効率化により、余計な物流コストを抑えるだけでなく、必要なものを必要なところへ的確に届けることを実現し、機会損失を減らす。

このように、コストだけでなく、売上向上の側面にも影響を及ぼす自社物流は、ニトリの強みそのものであり、「お、ねだん以上。」の価値を実現するコアコンピタンス（中核的な強み）といえます。

このように、**バリューチェーンに位置付けられる活動を強化し、強みをさらに強くする動きをとることが、「戦わずして勝つ」状態に近づく方法**となります。

また、**バリューチェーンそのものを抜き出し、競合も含めた新たなプラットフォームを生み出すことで、事業そのものを競合と争わない状態に変革する**事例も多数見られます。

その代表例が、アスクルです。

アスクルを知らない人は少ないでしょう。文房具販売のプラットフォームとして誕生したサービスです。

それを生み出したのは、文房具メーカーのプラスでした。

当初、競合の商品も販売するプラットフォームには反対する意見が多数あったようです。しかし、顧客の立場から見たとき、プラスの商品しか買えないプラットフォームは意味がないということで、競合の商品も扱うプラットフォームが開発され、結果として、大きな成功を収めました。

アスクルの事業は、文房具メーカーのバリューチェーンの「販売」に該当する部分を、個別メーカーを横断して押さえるものです。このようにバリューチェーンを組み替えることをデコンストラクションと呼びます。

デコンストラクションにより、あるレイヤーを押さえたり、組み合わせたりするビジネスを展開している企業は多数あります。

競合を顧客にするという発想をすること自体、とても戦略的といえるでしょう。

# 戦わずして勝つ方法⑤「小さな池の大きな魚」になる

市場はそれぞれ大きさが違います。当然、大きな市場をねらいたくなる心理が、企業にも、事業を行っている担当者にもあるでしょう。

しかしながら、市場が大きくなればなるほど競合が増え、競争が過激になります。リソースが豊富な大企業であれば、このような道を選び、淘汰《とうた》されないよう耐《た》え抜くこともできますが、規模が限定的な場合は、不利な立場に追いやられることが多いでしょう。

では、どのような戦い方が求められるのでしょうか？

そのコンセプトが、「小さな池の大きな魚」です。

**図表3-3 小さな池の大きな魚**

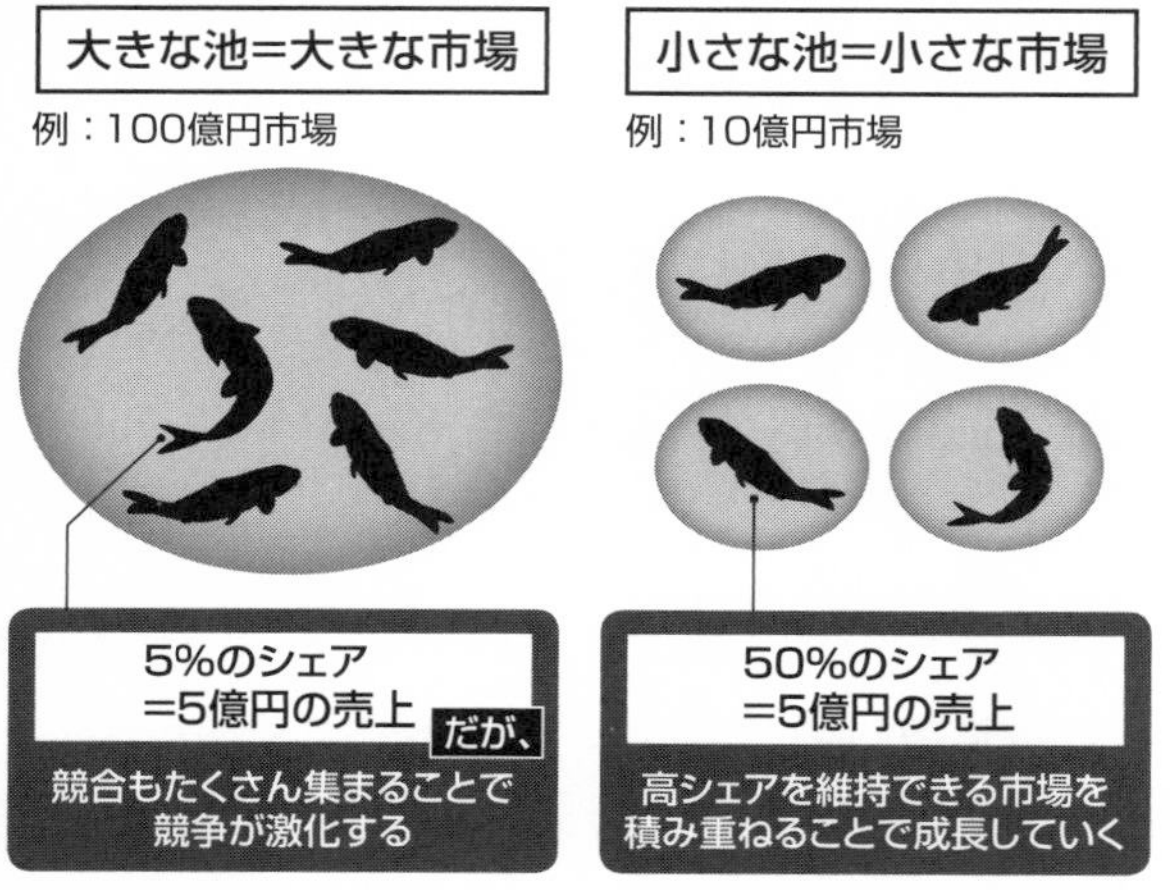
大きな池＝大きな市場
例：100億円市場
5%のシェア
＝5億円の売上
だが、
競合もたくさん集まることで
競争が激化する
小さな池＝小さな市場
例：10億円市場
50%のシェア
＝5億円の売上
高シェアを維持できる市場を
積み重ねることで成長していく

この「小さな池の大きな魚」という考え方は心理学用語の一つであり、「大きな池＝難易度の高い環境」にいるよりも、「小さな池＝難易度が低い環境」を選んだほうが、より有能感を得やすいという効果を表しています。

ここではビジネスに置き換えて、「小さな池」を、それほど大きくない、競争も少ない市場と解釈します。そうした市場をいち早く見つけて（あるいは、創り出して）、シェアを拡大すると、後発の企業が入りづらくなります。入っても、市場そのものが大きくないうえ、伸びしろも限定的で、旨《うま》みが得にくいからです。

そうした市場に「大きな魚」として君臨することは、リーダーシップもとりやすいことから、その後の事業の安定につながります。じっくりと市場を広げることで、市場の伸びと並行して自社の売上をあげていく、といった展開が主な活動となるでしょう。

日本に存在する優良企業の多くは、こうした市場をしっかりと確保し、そこから得た利益を元手《もとで》に、新たな事業や市場にチャレンジして拡大してきたといえます。企業にとって、安定的にキャッシュフローを生み出す事業の存在ほどありがたいものはありません。

ここで、演習問題です。

**【演習問題】**

「小さな池の大きな魚」を実現するためには、「小さな池」を見つけ出す能力を組織的に高めることが必要です。具体的に、どのような方法が考えられるでしょうか？

**図表3-4 日東電工の「三新活動」**

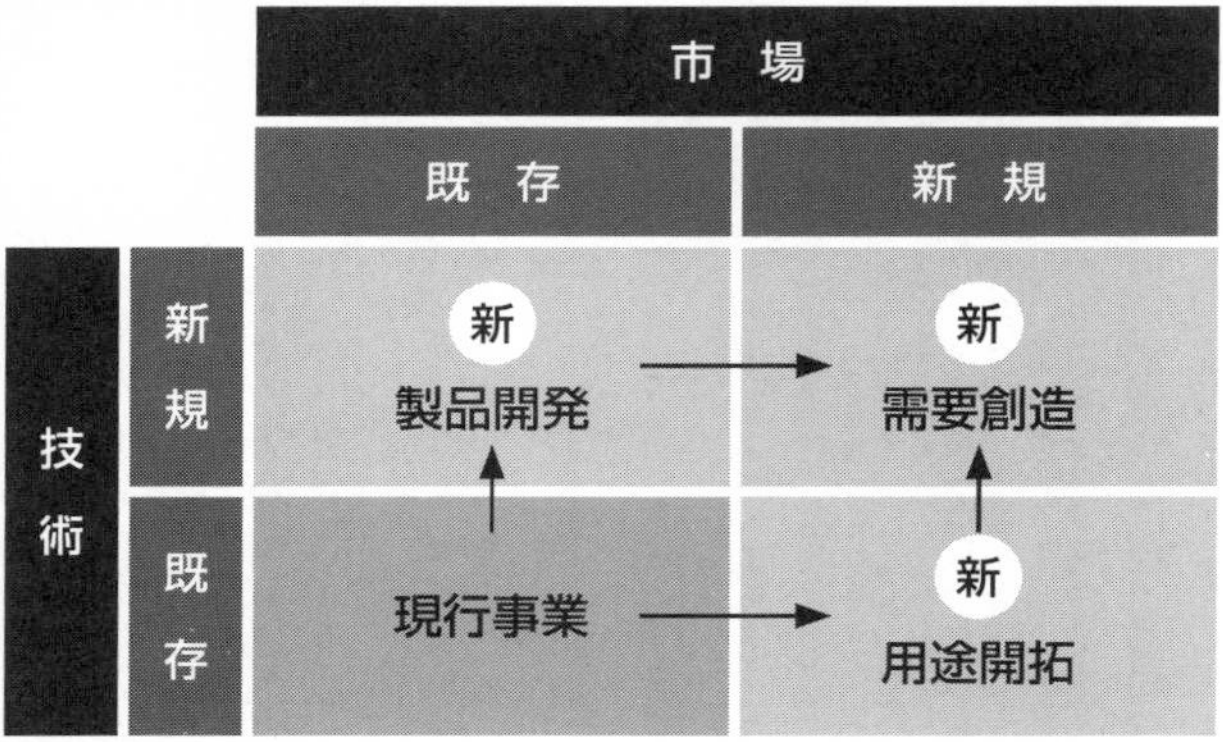


日東電工のWEBサイト
(https://www.nitto.com/jp/ja/about_us/concepts/businessmodel/)より

実際に、それほど規模が大きくない市場で高シェアを確保し、そこから得た利益を積み上げることで大きくなった企業に共通する取り組みを見てみると、次のようないくつかのパターンに分けられます。

**①既存事業からの派生型**
**②社員の起案型**
**③外部出資型**

①の「既存事業からの派生型」の代表は、日東電工です。「グローバルニッチトップ」を掲げる高機能材料メーカーで、エレクトロニクス、自動車、医療、環境、住宅などの業界で、多くの世界トップシェア製品を

提供しています。

同社は、既存事業を軸に、「新用途」「新技術」を経て「新需要」を生み出す、「三新活動」という考え方を基盤に、長年、事業を発展させてきました(図表3-4)。

これは参考にすることができる考え方です。

②の「社員の起案型」で代表的なのは、小林製薬です。同社では、全社員が「あったらいいいな」を実現するために、アイデアを出し合い、それを実際の商品に結び付ける習慣が定着しています。一部の商品企画担当者にアイデアを任せるのではなく、考える当事者を増やすこうした活動にこそ、戦略性を感じます(同社のニュースリリース https://www.kobayashi.co.jp/corporate/news/2020/200818_01/index.html 参照)。

また、サイバーエージェントは、新入社員を含めた社員たちが起案したアイデアを事業としてかたちにするために、子会社を続々と生み出しています。社員が考え、行動し、それを企業が支援するスピードをあげることは、いち早く市場のニーズをキャッチし、他の企業が目をつけていない市場に参入するうえでも、とても有効で戦略的な仕組みといえます。

最後に③の「外部出資型」です。これは、未上場の段階から目をつけた企業や個人に投資をし、または、出資を受け、一緒に市場そのものを拡大させていくパターンです。

ファンドのような事業展開ですが、ただ出資するだけの関わり方と、役員や社員を派遣して事業経営そのものに携《たずさ》わる関わり方に分かれます。

ソフトバンクグループは、AIを軸に、世界中のスタートアップに投資をしています。規模は大きいですが、考え方としては、一つのモデルとして参考になると思います。

このように、**仕組みを構築することで、「小さな池」をいち早く見出し、そこに誰よりも早くリソースを注ぎ込む。そして、シェアやデファクトスタンダードを獲得し、利益を生み出す。そして、また次の「小さな池」を見つける……。**

このサイクルを生み出すことは、時代の変化が速い今こそ効果的なビジネスモデルだといえるかもしれません。

# 第4章

# 理感一致で人を動かそう

# 人は「理感一致」でなければ行動しない

戦略を立案し、いざそれを実行しようとすると、必ず壁にぶつかります。

これまで解説してきた流れで、目的や目標を設定し、現状とのギャップを確認し、そのギャップを埋めるために外部環境を分析し、アウトサイド・インで考えたシナリオを効果的に描いたとしても、そのプロセスは何ら間違っていないにもかかわらず、それだけでは戦略は実行されません。戦略は、立てただけでは動かないのです。

いったい、なぜでしょうか？

それは、人が動かないからです。

本書のテーマである戦略的思考において、「人を動かす」という点も大事な要素です。目的・目標を実現するうえで避けて通れませんし、何より、戦略立案よりも人を動かすことのほうが難しいと感じている人や組織が多いからです。

まず、**思い通りに人に動いてもらえることはない**、という前提に立つことが必要です。
人は自分の意思で動きたいものですし、基本的に、変わることを嫌います。また、変革への恐れも抱きます。それに加えて、私的な感情が絡《から》むこともあります。いくら論理的に理解したとしても、感情的にやろうと思えない、ということは、戦略に限らず、あらゆる場面で起こってしまうことです。要するに、人は「理感一致」でなければ動かないということです。

では、人を動かすには、具体的にどのようなことを意識して働きかけていくことが必要でしょうか？　本章ではこのことをテーマに取り上げ、考えていきたいと思います。

人を動かすためには、まず、人が動くパターンを理解し、そこに働きかけなければなりません。
人が動くパターンを集約すると、次の三つになります。

●恐怖感や責任感から動く
●達成したい目標があるから動く
●価値や意味を感じるから動く

一つ目の「恐怖感や責任感から動く」は、「動かないと怒られる」「責任をとらされる」と思うから動くというパターンで、俗に「やらされ感」と表現されるものです。これは、長続きしません。しかし、組織の中で、このように人が動かされているケースは珍しくありません。

二つ目の「達成したい目標があるから動く」は、目標を達成することで得られる達成感や外的報酬を目当てに動くパターンです。この心理も誰もが持っているものなので、大切なアプローチです。

この一つ目と二つ目を使い分けるアプローチを「アメとムチ」と呼びます。

アメとムチを使い分けることで、一定の人を動かすことはできます。

しかし、これらには共通の課題があります。それは、一定の役職者でなければ、このアプローチをとるのは難しい、ということです。

例えば、あなたが組織の代表で、動かす対象が部下であれば、一定程度、このアプローチで人を動かすことができるでしょう。しかし、動かしたい対象があなたの評価対象者でなければ、なかなか動いてくれません。

では、アメやムチが使えない場合は、どうやって人を動かせばいいのでしょうか？

それが、三つ目の「価値や意味を感じて動く」です。

これが最も本質的なアプローチだといえます。

価値や意味というのは、その戦略が実現したい目的や目標の価値や意味です。どのような背景からその戦略が必要とされているのか。それを実行し、目標を実現することは、何を意味するのか。反対に、実行しなければどうなってしまうのか。

戦略を立てた当事者であれば、こうしたことをよく理解し、心と体で実感しているでしょう。しかし、そのプロセスを共有していない周囲の人には、よくわかりません。

動いてほしい相手には、戦略そのものだけでなく、その価値や意味を伝え、理解してもらい、感じとってもらう必要があります。それができれば、人は動きます。

そのために、戦略を立案する段階から周囲を巻き込むことも必要です。「当事者を増やす」ことは、その後の戦略の実行のしやすさに影響を与えます。

また、社内に大きな変化がもたらされたときは好機です。経営の神様と称されたP・F・ドラッカーは、「イノベーションは予期せぬ事象をきっかけに生まれる」といっています。これは、価値や意味を感じとれる事例や事象が生じないと、本当に大きな変化は理解しきれない、ということだと、私は解釈しています。

こうした変化に乗って周囲を巻き込み、当事者を増やす。価値や意味を感じて動く人が増えると、戦略が動き出します。

**【演習問題】**
あなたの周りにいる、戦略的に人や組織を動かすことができる人物を思い浮かべてください。その人物たちに共通することは何でしょうか?

いかがでしょうか？

●恐怖感や責任感を軸に動かす人
●魅力的な報酬や達成感が得られる目標を設定して動かす人
●戦略に取り組むことの価値や意味を伝え、感じさせることで動かす人

の３種類のどれかにあてはまるのではないでしょうか。

あなた自身は、どの動かし方を実践していますか？

また、どの動かし方が必要だと感じていますか？

人の動かし方に答えはありません。組織の状況によっても様々でしょう。**状況や相手に応じて手法を使い分けることができる人物こそが、戦略を実行できる人物**だといえます。

## まずは関係性を育もう

先ほどの演習問題で思い浮かべた、あなたの周りの「戦略的に人や組織を動かす人」は、

周りから尊敬されているでしょうか?

逆に、少々面倒くさがられているでしょうか?

もしかすると、腹黒い人物と評価されているかもしれません。


「すごいんだけど、親しみやすい」存在になろう。


これは、弊社がメンバー同士で分かち合っている人物像、組織像の理想を表したものです。

経営コンサルタントは、持ち前の論理性や戦略性を武器に人や組織と関わり、変革を支援していく職業です。当然のことながら、「すごい」とクライアントから思ってもらうことが、役割を発揮し、価値を認めていただくうえで重要となります。

しかし、それだけでクライアントの人や組織が動いてくれるかといえば、話は別です。ただ論理的で、戦略的なだけの「すごい人」は、同時に、「面倒くさい人」になる可能性を秘めているからです。

「いろいろいってくれるのはありがたいけど、付き合うのが面倒だな」と思われれば、クライアントと長期的な関係性を築くことができません。また、感情的に訴えかけることが必要なタイミングでも空回りしてしまいます。
したがって、「すごさ」に加えて、「親しみやすさ」も必要だと考えているのです。

**今、そして、これからの時代、「親しみやすさ」が影響を及ぼす範囲は、ますます広がっていくように感じています。**

新型コロナウイルスの感染拡大からもわかるように、今のビジネス環境では、一昔《ひとむかし》前のように、「こうすれば結果が出る」という答えやセオリーが通用しにくくなりました。その結果、経営トップには、これまで以上に、現場の社員とともに考え、行動することが求められるようになっています。

現場の第一線で活躍する社員から情報をもらい、それをもとに対話を重ね、新たな方向性や価値を生み出していく。こうした共創型のリーダーシップが求められるようになっているのです。

「誰かが考えた戦略を現場に伝え、その遂行を求める」というリーダーシップ、経営の在り方よりも、「一緒に考えたものを実行しながら、検証を繰り返し、結果につなげる」というアクションが必要です。

ハーバード大学のリンダ・ヒル教授は、こうしたリーダーシップの在り方を**「羊飼い型のリーダーシップ」**と表現しています。これからのリーダーは、イノベーションを生み出すためにも、羊を後ろから見守るようなスタンスが必要だと提唱しているのです。

こうした環境変化によって、戦略を立案し、実行する立場にある人に求められる要素の中で、関わる社員や顧客、関係会社と一緒に戦略を実行するコミュニケーション力の比重が高まったといえます。「すごさ」で戦略を立案し、検証しつつも、「親しみやすさ」で一緒に考え、実行するスタンスが求められているのです。

このバランス感覚を備えたリーダーが職場にいれば、そのチームは戦略を的確に実行に移しやすくなるでしょう。

また、「すごいんだけど、親しみやすい」と呼ばれるリーダーに成長することが、立案した戦略を実行する力の強化につながります。

同時に、戦略の立案と実行を促すためには、社員間の関係性も重要です。

次の演習問題を考えてみてください。

**【演習問題】**

次のうち、どちらの組織のほうが、高い成果をあげられるでしょうか？

ａ　成果を求める傾向が強く、社員間にプレッシャーが生まれている組織

ｂ　成果を求める前に、社員間の豊かな関係性を育《はぐく》むことを起点とする組織

ＭＩＴ組織学習センターの共同創始者であるダニエル・キム氏は、**「成功循環モデル」**というものを提唱しています。

それによると、一般に、ａのような組織では、社員間の会話がしづらくなり、思考が個人の範囲に限定されるようになります。また、プレッシャーを受けた思考は萎縮《いしゅく》し、保守的になって、斬新《ざんしん》なアイデアが出にくくなります。結果、これまでと変わらないか、または、さらに萎縮したアウトプットしか出ず、かえって成果が出にくくなります。

一方で、ｂのような組織は、互いの対話を生み出します。対話が相乗効果を促し、個人

の思考の枠《わく》を超える発想をもたらします。結果として、それまでに思い至らなかった方法に視点が及び、豊かな関係性のもと、チャレンジが後押しされる環境が形成されていきます。それによって行動が生まれ、それまで以上の成果を生み出すことにつながります。

前者のサイクルを「バッド・サイクル」、後者を「グッド・サイクル」と表現し、組織はグッド・サイクルを定着させるように努めるべきだと、キム氏はいいます。

**戦略の実行を促すには、まずは関係性に目を向け、関係性をよくすることから始めるのが効果的**なのです。

**図表4-1 成功循環モデル**

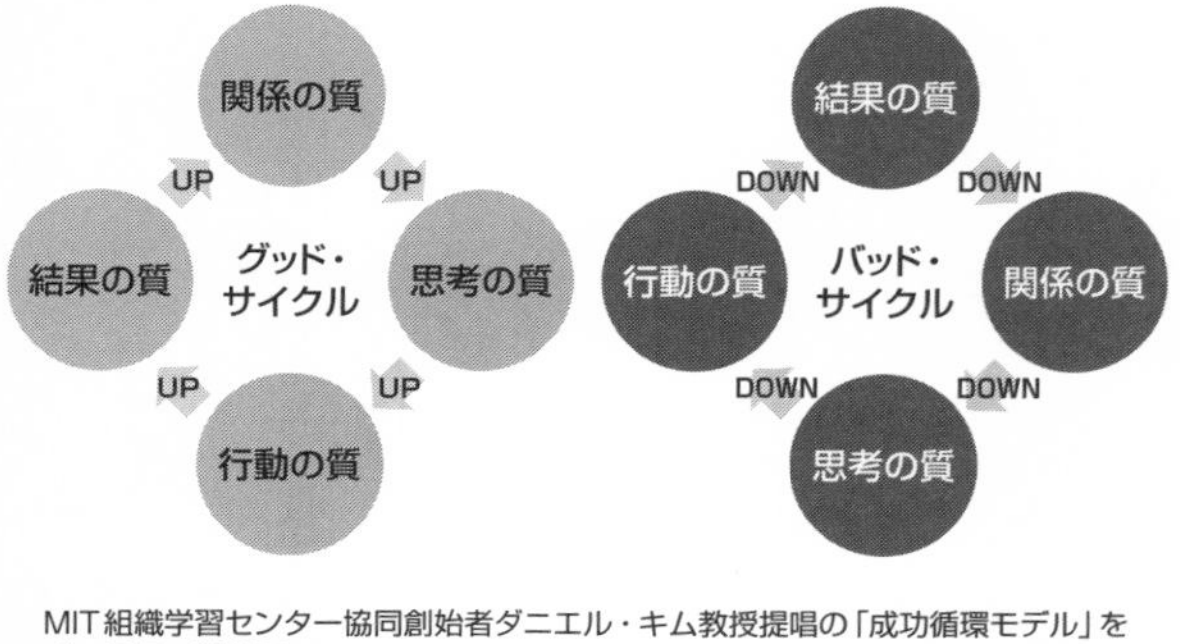


MIT組織学習センター協同創始者ダニエル・キム教授提唱の「成功循環モデル」をベースに一部加工

# ステークホルダーを分析して「根回し」をしよう

ここまでで、人は理感一致で動くということ、そして、まずは関係性をよくすることに関心と行動を向けるべきことについて確認しました。

ここからは、実際に人に働きかけていく際の考え方や行動プロセスについて触れていきたいと思います。

突然ですが、アウトサイド・インの考え方は覚えているでしょうか？「うん、大丈夫」と頷《うなず》いていただければ、とても安心です。「外から内」の思考プロセスでしたね。不安な方は、第２章に戻って確認してください。

自ら立てた戦略を人に伝え、行動を促す際にも、アウトサイド・インの発想が重要になります。

もし、「自分の立てた戦略がなぜわからないんだ」「どうして伝わらないんだ」という感情があれば、考えを見直すべきです。まず「相手を知る」、そして「己を知る」ことが欠かせません。

**人を動かすには、戦略を実行するうえで利害が関係する人たちの顔を思い浮かべることから始めましょう。**

この関係者のことを「ステークホルダー」と呼びます。ステークホルダーが一人であることは珍しく、多くの場合、複数存在しているものです。

ステークホルダーは、それぞれの環境下で利害を有しているため、展開されようとする戦略に対して同じ印象や解釈を有しているとは限りません。したがって、次にやるべきことは、ステークホルダー一人ひとりの考えとスタンスを知ることです。具体的には、直接ヒアリングをしたり、間接的に状況を窺ったり、ということになります。

一人ひとりの考えとスタンスがわかったら、それぞれに対してどのような方法で伝えていくか、働きかけていくかのプランを立てます。

お気づきの方も多いと思いますが、これは、いわゆる「根回し」というものです。

戦略を実行するうえで、根回しは必要です。むしろ、根回しができなければ、組織では思い描いた戦略の実行は難しいと考えたほうがいい。

「根回し」と聞くと、嫌な印象を持つ人が多いと思います。私も、正直、それほど好きなものではありませんし、得意でもありません。できれば避けて通りたいものです。

しかしながら、正面を切ってプレゼンテーションをして、それで大きな反対もなく賛同を得るのであれば、それはおそらく「大して組織に影響をもたらさない戦略」か「大したことのない組織」かのどちらかです。戦略が変革を生み出すものであれば、当然、ステークホルダーに利害が生じますし、組織にこだわりのある人の割合が多ければ、当然、反対意見を含め、様々な意見が飛び交うでしょう。

**根回しをすることは必要なプロセスであ**

図表4-2 **ステークホルダーマップ**

| ステークホルダー | 現状と理想：かなりネガティブ | ややネガティブ | 中立 | まあポジティブ | かなりポジティブ | 課題感 | 対策案 |
|---|---|---|---|---|---|---|---|
| A氏 | | | ● | → | | 中立だがリスクコントロールの在り方を気にしている | リスクコントロールの在り方とシミュレーションを示す |
| B氏 | ● | | → | | | かなりネガティブ。事業そのものの存在を疑問視しているため解消が必要 | 事業の存在意義を今後の成長ロードマップと絡めて説明する |
| C氏 | | | | | ● | ……… | ……… |
| D氏 | | | | ● | → | ……… | ……… |
| E氏 | | ● | | → | | ……… | ……… |

**り、避けては通れない**と考えたほうがいい。このプロセスを得意にすることは、戦略の実行力を高めることにつながると考えましょう。

実際にプランを立てる際は、次のステップで進めます。

①ステークホルダーをリストアップする
②それぞれのステークホルダー一人ひとりについて、戦略に対して「ネガティブ」「中立」「ポジティブ」のスタンスを明らかにする
③ステークホルダー一人ひとりに期待する状態をイメージする（「中立」から「ポジティブ」になっていただく、など）
④期待する状態になるうえで、それぞれが課題に感じていることを確認する
⑤課題をどのように解決するか、戦略がその課題にどのような影響を与えるか、という点を、譲歩案も含めて検討し、納得までの道のりを計画して実行する

もちろん、想定外のことも起こりますし、実際に話をしてみたら想定とまったく違った、ということもあり得ます。

しかしながら、ステークホルダーを、面でとらえずに、点でとらえること。そして、一人ひとりと丁寧《ていねい》に向き合って、課題を解消していくこと。こうした緻密なプロセスとコミ

ユニケーションの実践が、戦略を実行に向かわせ、理想とする状態の実現にあなたを近づけさせることは間違いありません。

## 戦略に反対する「三つの抵抗」を見極めて対策をとろう

戦略を実行するうえで、ステークホルダーを分析し、根回しをしていくことが必要だとお伝えしました。

では、戦略の実行、そして、その先にある変革に反対が生まれる場合、その抵抗の心理はどのようなものなのでしょうか。対策についても併せて検討してみたいと思います。

**【演習問題】**

戦略の実行や、その先に起こる変革に対して、抵抗する人が現れることはよくあります。その人は、なぜ抵抗するのでしょうか？　また、対策としては、どのようなことが考えられるでしょうか？

戦略に対する心理的抵抗は、主に次の三つに分類されます。

**①能力的側面からの抵抗**

戦略を実行する際、または、その先に実現する状態をイメージした際に、必要なスキルや能力、技術を有していないという不安から生じる抵抗です。ドラマなどでもよく見られる、「そんなことはできるわけがない」「うちには無理だ」という抵抗です。

《対策》

大きく分けて二つあります。

一つ目は**「ベビーステップから始める」**ということです。

ベビーステップとは、簡単なステップのこと。反対の言葉は「ハードステップ」です。能力的側面からの抵抗に対しては、「それならできそう」と思ってもらうことが必要です。そのためには、まず、一歩目を難しくしないこと。必ず踏み出せるステップにすることです。

よくある伝え方としては、以下のようなものがあります。

●「まずはフィジビリティスタディ（実行可能性調査）を実施して、その結果をもとに、本格的に踏み出しましょう」

●「まずプロトタイプでやってみて、その内容を見てから判断してはどうでしょうか」

二つ目は**「必要なリソースをすべてそろえる」**ということです。

社内に保有している技術では不安が生じるのであれば、社外から調達する、どこかの企業とコラボレーションするなど、他の方法を見出して、「できない」理由をなくしていくことが必要です。

### ②政治的・経済的側面からの抵抗

戦略が実行され、変革が起こることによって、自分(自社)の地位や立場に不利益が生じる、または、経済的に大きな損失につながるリスクを有していることから生まれる心理的抵抗です。

《対策》

まず、政治的な側面が理由になっている場合は、相手の立場や地位に影響が及ばないことを説明したり、影響が及ばないように環境を整えたりすることが必要でしょう。

しかし、こうした理由は公《おおやけ》に主張しにくいですから、対策が難しい場合、または、実際に影響を及ぼしてしまう場合は、心理的に配慮しつつも、そのまま押し切るというのも一つの判断だと思います。

次に、経済的側面が理由になっている場合は、当然のことながら、過大なリスクがないことの論理的な説明が必要です。シミュレーションを示す、万が一の際のリスクヘッジ策を用意する、などです。

特に重要なのは、**撤退基準を決めておく**ことです。指標を特定し、その指標が一定の水準に達したら撤退をする（または、戦略を転換する）ということを決めておくことが、ステークホルダーの安心につながります。

**③慣習的側面からの抵抗**

三つの中で最も扱いにくい抵抗です。論理的に説明することが難しく、対策がとりにくいからです。

具体的には次のような言葉で表されます。

●「うちらしくない」
●「これまでにやったことがない」
●「受け継いだ伝統に反している」

《対策》
「危機に直面する」ことが最も効果的です。危機に直面すれば、これまでの慣習を見直さざるを得ません。

とはいえ、実際に危機に直面するのを待っているわけにはいきません。ですから、**危機を未然に防ぐためだということをしっかりと伝え、変革を訴えていく**しかありません。

他にも、**「外の存在を利用する」**というやり方もあります。他社と協業したり、他社の力を借りたりして、他社との協調が求められる状態を作ることが、自社の慣習を超えた判断をするうえで効果的です。

そして最後にあげられるのが、**「慣習を生み出した人から変革を唱《とな》えてもらう」**ということです。

慣習というものは、それを創り出した人より、それを受け継いだ人のほうが、変えることをためらう傾向があります。したがって、その慣習を生み出した張本人に変革の必要性を伝えることが有効です。

以上、3点に分けて、生じやすい心理的抵抗について解説をしました。

大切なのは、抵抗が生じた際に、どの部類の抵抗なのかの見極めを誤らないことです。見極めが正しくないと、対策に誤りが生じます。

しっかりと抵抗の本質を見極めて、その内容にあった対策を、段階的に講じていくことが重要です。

## いい質問が人を動かす

ここまでで、戦略を実行する際に必要な関係性づくりや、生じやすい抵抗への対策について解説をしました。

ここからは、コミュニケーションのとり方によりフォーカスして、戦略の立案・実行につなげるための「質問力」について触れていきます。


質問は大きく三つの種類に分けられます。

●いい質問

●わるい質問
●どちらでもない質問
の三つです。
「質問にいいもわるいもあるの？」と思われるかもしれませんが、戦略を実行に向かわせるうえで効果的な質問を「いい質問」、効果的ではない質問を「わるい質問」と考えて解説します。

**【演習問題】**
次の質問は、それぞれ、「いい質問」「わるい質問」「どちらでもない質問」のどれでしょうか？
a 「この目標は必達です。達成できますか？」
b 「この目標を達成できたとして、その際のチームの在り方はどういうものだと考えますか？」

c「今のチームの売上は？　目標達成率はどのぐらいですか？」

正解を先にいうと、次の通りです。

**a　わるい質問**
**b　いい質問**
**c　どちらでもない質問**

おそらく、aは、多くのマネージャーが日常的にしている質問ではないかと思います。しかしながら、この質問は、戦略の実行を促すうえでは、いい質問とはいえません。理由は、「自分のための質問」であり、「相手のための質問」になっていないからです。

そもそも、必達が前提であるならば、「達成できるかどうか」を質問することには、あまり意味がありません。達成状況を確認したければ、cのように事実を問う質問のほうが的確です。

ａは、「自分が確認をしたい」「相手に約束をさせたい」という意図が込められた質問であり、関係性によっては相手のやる気をそいでしまう可能性があります。

ｂは、相手がイメージを膨《ふく》らませ、考え、現状とのギャップを認識するうえで、効果的な質問です。つまり、「相手のための質問」になっています。

ｃは、事実の確認をしているので、「いい」も「わるい」も関係なく、組織運営において必要な質問です。

このように、**「いい質問」とは、相手に考えさせる質問、相手に成功に至るイメージを持たせる質問、相手に現状とのギャップを確認させる質問**です。

反対に、「わるい質問」とは、相手に約束や責任を迫る質問、自分が安心するための質問です。

戦略が実行される組織においては、いい質問が飛び交っています。上司・部下の関係に限らず、同僚同士が互いに質問を投げかけ、相手に貢献します。

その質問の例をいくつかあげておきます。ぜひ、あなたの職場でもこうした質問の投げかけができないか、考えてみるといいと思います。

●「目標に近づくうえで、今、何が妨《さまた》げになっていますか？」
●「目標の実現に向けて、手を借りられそうな人や組織などの存在は考えられますか？」
●「過去にこのような状況を打開した経験はありますか？　そのときはどうされたのですか？」
●「もし最初からやり直せるとしたら、どんなやり方をしますか？」
●「もし最も大胆な行動がとれるとしたら、何をしますか？」
●「次のステップとして何が考えられますか？」
●「現状での実現可能性を1～10の数字で表すと、どの程度ですか？　そう考える理由は？10とのギャップをどう埋めていきますか？」

## 「ストーリーテリング」で共感を誘おう

戦略を実行するうえで、人に伝えるプロセスは欠かせません。ベースは論理的に伝えることですが、「ストーリーテリング」も有効です。

ストーリーテリングとは、日本語に訳せば「物語を語る」という意味で、聞いた人の心を動かすことを目的に語られる伝達の技法です。

大切なのは、論理的な構成に加え、**相手の心情に訴える情報を入れ込む**こと。聞き手が共感し、イメージを共有できる内容であることです。

ストーリーテリングでは、話す側が伝えたいことに直接的に相手の関心を向けさせるのではなく、まずはストーリーそのものに関心を向けてもらい、引き込んだうえで、伝えたいことへの理解を促していきます。そうすることで、強制感を与えることなく、伝えたいことがより具体的に伝わります。結果として、相手の自発的な理解が得やすいという効果があります。

**【演習問題】**

次のストーリーを読んで、聞き手の心を動かすためにどういった工夫がなされているかを考えてみましょう。

●日本電産会長　永守重信氏
「50年、自分の手法がすべて正しいと思って経営してきた。だが今回、それは間違っていた。テレワークも信用してなかった。収益が一時的に落ちても、社員が幸せを感じる働きやすい会社にする。そのために50くらい変えるべき項目を考えた。反省する時間をもらっていると思い、日本の経営者も自身の手法を考えてほしい」

２０２０年４月20日「日本経済新聞」朝刊

●ディー・エヌ・エー会長　南場智子氏（２０１９年５月22日に行われたＸ－ＨＵＢ ＴＯＫＹＯにて）
「今年は私にとって特別な年です。会社を興して丸20年経ちました。20年を振り返ってみての心境はというと、長いような短いような、またその逆も然りです。その中でもいくつか誇れることと残念なことがありました。

誇れることというのは、よく生き残ったということです。たくさんのユーザーに向けて楽しくて役に立つサービスをお届けし、日本を代表するようなＩＴ企業に成長したことです。どんな時でも決して下を向かずに諦めず、真面目な努力を続けられたということはとても誇りに思っています。

また残念なことはというと、これまでのところ、世界を代表するＩＴ企業になれなかったことです。そこが一番悔しいです。世界に大きな喜びを届けようと取り組んだ時もありましたが、オペレーション・作戦・戦略全てがうまくいかず、頓挫しています。

スマートフォンが台頭し始めた頃からドミナントなプラットフォームは全て米国勢に持っていかれてしまいました」

https://x-hub.tokyo/contents/2728

●ソフトバンクグループ会長兼社長　孫正義氏（2021年3月期の決算説明会にて）

「16歳でアメリカに渡った私が、日本に戻って最初に起業したのは、東京ではなく福岡県の雑餉隈《ざっしょのくま》という所でした。初めて構えた事務所近くの踏切を通る時、カンカンという警報機の音と自分の胸の鼓動の高まりが重なり、二人の社員の前で『いつかは売上も利益も豆腐のように1丁(兆)、2丁と数えるようになる』と演説したら、二人とも辞めてしまいました」

中略

「踏切の向こうには夢がある。まだ踏切を渡り切れていない。まだまだこの物語は続く。お金はただの道具です。我々にとって一番大事なのは、情報革命で人々を幸せにしたいという志です」

『週刊ポスト』2021年10月8日号

効果的なストーリーは、次のようなフレームワークで表現されます。

**(インパクトのある)出来事　↓　葛藤《かっとう》　↓　解決　↓　教訓**

論理的な説明が結論から入るのに対して、ストーリーで語る際は、出来事から語り始めます。例えば、「○年○月にこういった出来事がありました」という感じです。その出来事はこれから語られるストーリーの象徴的な事象として取り上げられ、その出来事を解決する過程において葛藤が生まれ、気づきがもたらされ、教訓につながる、という流れが出来上がります。そして、この気づきと教訓が、戦略として表現されます。

こうしたストーリーテリングが必要とされるのは、なぜでしょうか。

それは、企業の多くで、戦略を立案、発信するマネジメント層と、それを受けとって実行につなげるチームの足並みがそろっていないからです。

表面的には足並みがそろい、戦術レベルでは合意ができているかもしれません。しかし、もっと根本的な、自社や自社のビジネスがどこに向かっているのかということにおいては、認識がそろっていないことが少なからず生じています。

**ストーリーテリングは、こうした認識をそろえ、マネジメント層とチームに共通認識を持たせるために、効果的**なのです。

第5章

# 戦略的にロードマップを展開しよう

# 改めて目的と目標を問い直そう

本書もいよいよ最終章です。ここまで読み進めていただいたあなた、本当にありがとうございます。

人によっては解釈の異なることもあるかと思いますが、あなたの仕事やプライベートでの何らかの気づきやヒントになっていることを願いつつ、最終章では、再度、戦略的思考を実践することの意義について考えていきたいと思います。

そもそも、なぜ戦略的思考が必要とされるのか。

整理すると、次の3点に集約されます。

- **実現したいという強い想いを寄せる目的や目標があるから**
- **その目標と現状との間にギャップがあるから**
- **そのギャップを埋めるうえで必要なリソースに限りがあるから**

この三つがそろったとき、戦略的に考える必要が生じます。

一つ目の条件である「目的」や「目標」について、改めて考えてみましょう。「目的」と「目標」は言葉が似ていますが、次のような違いがあります。

**●目的：「何のために？」という問いへの答え。活動の理由**

**●目標：「何を実現する？」という問いへの答え。ありたい姿。あるべき姿**

言い換えると、目的は「Ｗｈｙ？」、目標は「Ｗｈａｔ？」になります。

そして、戦略が「Ｈｏｗ？」です。

目標の前に、目的が存在します。目標は、目的が明確であって初めて存在するものです。

しかし、戦略を実行していると、目標や日々の活動に追われて、目的を見失ってしまうことがしばしばあります。目的が見えないと、目標に対する納得感がわかず、戦略へのコミットメントが低下します。

こうしたことが起こらないようにするには、絶えず目的を明らかにしておくことが必要です。そのためには、どうすればいいでしょうか？

**【演習問題】**

あなたが目的を見失わないためにしていることはありますか？　それは、どんなことでしょうか？　ご自身を振り返ってみてください。

目的を見失わないためにするべきことは、**「他者から与えられる役割」を自覚すること、自覚するためのアクションを起こすこと**です。

企業であれば、社員、株主、顧客などのステークホルダー、個人であれば自身の業務に関係する人たちの声に耳を傾け、自身に与えられている役割・期待を再度確認することで、目的のヒントを得やすくなります。

ポイントは、「自分がどうしたいか」ではなく、「他者が何を期待しているか」です。

第1章で解説したように、ミッションとは、他者から与えられた役割です。ミッションを問い直すことで、自身の存在意義を再確認するプロセスを踏みましょう。原点に回帰する機会を持つことで、改めて目的を認識し、目標や戦略との整合性を確認することができるようになります。

その確認が伴うことで、戦略に対してより強い自信と確信を持って向き合えるようになるでしょう。

## 戦略を「クリティカル」に検証しよう

立てた戦略を展開しても、成果につながらない……。

もしそうだとしても、気落ちしないでください。そのようなことは日常茶飯事《さはんじ》です。

では、成果があがらなければ、その都度《つど》、戦略を見直すべきかといえば、そうではありません。しかしながら、立案時も、実行時も、常に「クリティカル」な視点で戦略に検証を加え、必要に応じて軌道修正をすることは大切です。

クリティカルに考える＝「クリティカル・シンキング」は、次のように定義できます。

現状をそのまま受けとめるのではなく、健全に問いを立て、目的に沿って仮説を立案し、その仮説で周囲を動かす思考

クリティカル・シンキングというと、否定することだと思っている方がいますが、そういうわけではありません。

図表5-1 クリティカル・シンキング

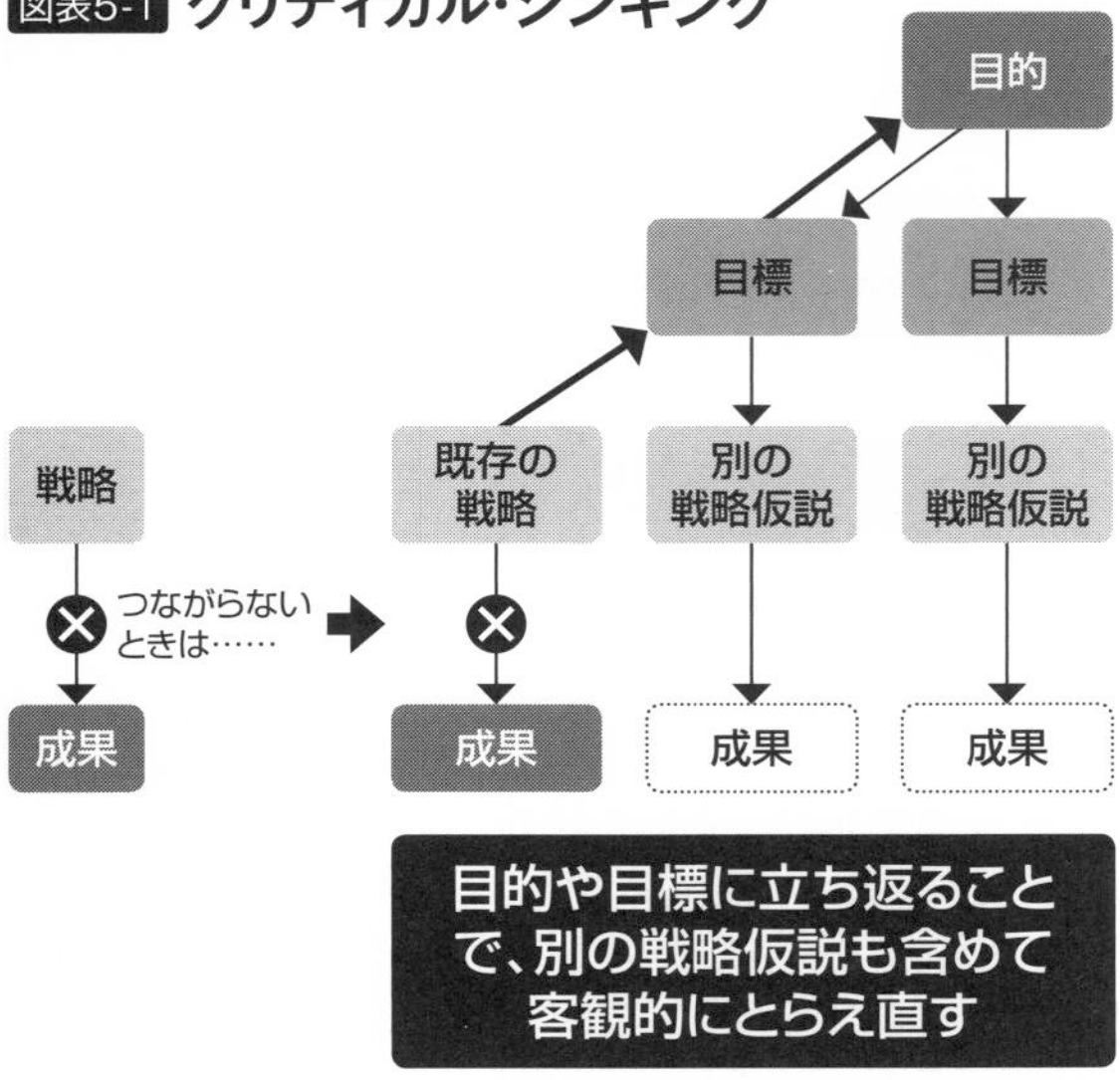

**重要なのは、健全に問いを立てることと、目的に沿って仮説を立案し、その仮説で人を動かすこと**です。


なぜ、戦略の立案・実行において、クリティカル・シンキングが必要なのでしょうか？

それは、市場は常に変化し、競合も、自社も、変化をしているからです。

立案したときの戦略は、その時点ではベターだったとしても、状況が変われば見直す必要があります。

また、時に戦略は、そのときに生じている問題から短絡《たんらく》的に導かれてしまいます。その場合は、目的に立ち返ることで、改めて戦略を立て直す必要があります。


よくないのは、立てた戦略に対してクリティカルな視点を誰も持たないこと、また、持てないこと、あるいは、持っていたとしても声にできない環境を作り上げてしまうことです。

戦略を立てたことに満足し、それを点検しない組織は、急激な変化に対応できないばかりか、目標を実現するより効果的な選択肢を得られないままビジネスを展開することになってしまいます。

クリティカルに考えることは、戦略をより有効に働かせるうえで欠かせない思考であり、視点なのです。

## 戦略オプションを複数描いて競わせよう

クリティカル・シンキングを実践すると、アウトプットに具体的にどういう影響がもたらされるのかといえば、戦略の選択肢を増やすことにつながります。戦略の選択肢のことを「戦略オプション」と呼びます。

戦略は、オプションを複数描いて、そのオプション同士を競わせて検討することが効果的です。

**戦略同士を競わせる過程で、クリティカルな視点が多数得られます。**

「本当にうまくいくのか?」「他の方法はないのか?」「市場の前提条件は変化しないのか?」「競合の戦略が急激に変わることはないのか?」「実際にはもっと投資が必要になるのではないか?」……といった問いが、戦略同士を比較検討することによって得られるのです。

戦略オプションの立案は、**「オプションマトリクス」**を用いると効果的です。

オプションマトリクスとは、縦軸に戦略の要素を並べ、横軸に戦略オプションを並べたものです。

繰り返しますが、前提として、戦略は目的・目標に従うことが条件です。目標を実現できない戦略オプションを描いても、それは意味を持ちません。

戦略が複数考えつかず、オプションマトリクスを埋めら

**図表5-2 オプションマトリクス**

| | オプションA | オプションB | オプションC |
|---|---|---|---|
| 戦略タイトル | ○○○戦略 | △△△戦略 | ■■■戦略 |
| ターゲット | ↓ | ↓ | ↓ |
| 商品・サービス | | | |
| 価格 | | | |
| 流通 | | | |
| 販売 | | | |
| フォロー | | | |

縦にシナリオを意識して考える

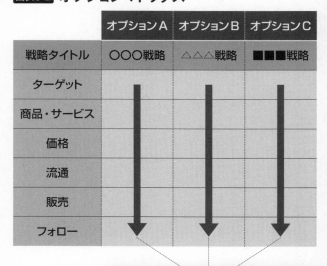

れないこともあるでしょう。そんなときに役立つ代表的な方法を二つ紹介しましょう。

一つ目は、フレームワークを用いて考える方法です。具体的には、**「アンゾフのマトリクス」**や**「プロダクト・ポートフォリオ・マネジメント分析」**のフレームワークを用いることが効果的です。

アンゾフのマトリクスは、縦軸に市場、横軸に商品（または技術）をとり、それぞれを既存と新規に分けます。すると、次の4象限を導くことができます。

- 既存市場×既存商品
- 既存市場×新規商品
- 新規市場×既存商品
- 新規市場×新規商品

これにより、四つの方向性の戦略を描くことができます。

もちろん、これらは常にトレードオフの関係ではなく、時に両立させることもできます。柔軟に組み合わせを考えることも必要です。

次にプロダクト・ポートフォリオ・マネジメント分析ですが、こちらは、縦軸に市場の成長性、横軸にその市場における自社のシェアをとります。そして、次の４象限を創り出します。

- ●市場の成長率が高く、自社のシェアも高い領域……花形
- ●市場の成長率が高いが、自社のシェアは低い領域……問題児

図表5-3 アンゾフのマトリクス

| | | 商品（技術） | |
|---|---|---|---|
| | | 既存 | 新規 |
| 市場 | 既存 | 既存 × 既存<br>市 場 浸 透 | 既存 × 新規<br>新商品投入 |
| | 新規 | 新規 × 既存<br>新市場開拓 | 新規 × 新規<br>多　角　化 |

図表5-4

**プロダクト・ポートフォリオ・マネジメント分析(PPM分析)**

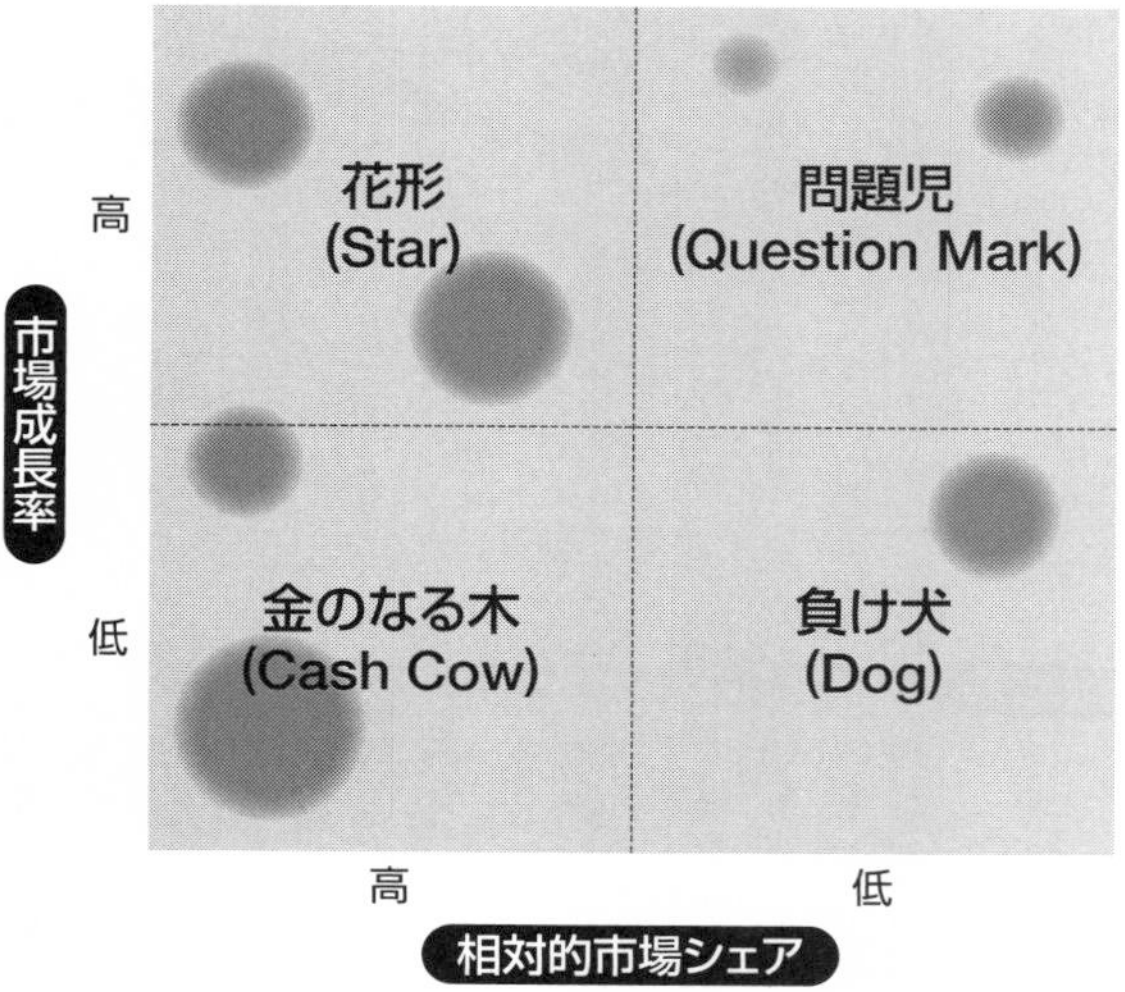


●市場の成長率が低いが、自社のシェアは高い領域
……金のなる木

●市場の成長率が低く、自社のシェアも低い領域
……負け犬

このフレームワークに自社の事業や商品をプロットすることで、市場を俯瞰し、リソースを投入する先と配分を検討することが可能になります。

他にも戦略オプションを描くために有益なフレーム

ワークは多数あります。自分の頭で考えることも大切ですが、こうしたフレームワークにあてはめることで、より俯瞰的に、全体観を得ながら戦略を立案することも必要です。

## アナロジー思考で戦略オプションを増やそう

戦略オプションを複数立案するための二つの代表的な方法のうち、もう一つは、「アナロジー思考」です。

「アナロジー」とは類推を意味します。すなわち、戦略的思考におけるアナロジー思考とは、他社や他業界の事例をヒントに類推を重ね、自社の戦略にあてはめる思考のことです。

戦略を立案する場合の思考プロセスは、大きく分けて二つあります。

一つは、自分の頭でゼロから考えること。もう一つが、他社や他業界からヒントを得て、問題のない範囲で真似《まね》をさせていただき、取り入れることです。

ゼロから考えられるのであれば、それに越したことはありませんが、難しい。したがって、多くの戦略立案には、他社の事例をヒントに視点を見出すアナロジー思考に頼っている部分があります。

では、例を用いて、実際にアナロジー思考をしてみましょう。

**【演習問題】** 航空会社が展開している戦略やビジネスモデルの特徴を、まったく異なる業界にあてはめるとしたら、どのような会社の、どんな戦略に応用できるでしょうか？

アナロジー思考では、**具体的な事例を抽象化《ちゅうしょう》し、その抽象化されたビジネスモデルをまったく異なる業界にあてはめる**という思考的作業をします。

ポイントは、同じ業種を対象にするのではなく、できるだけ遠い業種にあてはめることです。そうすることで、それまで辿り着けていない考えに到達することができます。

では、航空会社のビジネスを抽象化してみましょう。抽象化は、事業の在り方を言葉で表現することで、行いやすくなります。

航空会社のビジネスを言葉で表現すると、例えば、次のようになります。

特定の目的地を訪れたい人を集め、事前に席を用意した飛行機に乗せ、安全かつ快適に目的地までお届けし、その後も継続的に利用してもらうこと

このように表現すると、いくつかの要素に分けることができます。

●特定の目的地に行きたい人を集める
●事前に席を用意する
●飛行機に乗せる
●安全かつ快適に届ける
●継続的に利用してもらう

すると、これらの各要素に、航空会社以外の、いくつかの業態をあてはめることができます。

例えば、「特定の目的地に行きたい人を集める」「事前に席を用意する」「継続的に利用してもらう」という要素は、映画館と似ています。映画館の場合は、「特定の目的地」は「映画を観終わった後の状態」ということになります。

このように考えると、航空会社の取り組みを映画館に取り入れられる可能性が見えてきます。逆に、映画館の取り組みを航空会社が取り入れることも考えられるでしょう。

このように、共通する特徴を有する対象を特定し、その対象から学びとる作業が、アナロジー思考です。アナロジー思考が定着すると、世の中のあらゆる企業の戦略を参考に、自社の戦略オプシ

図表5-5 アナロジー思考

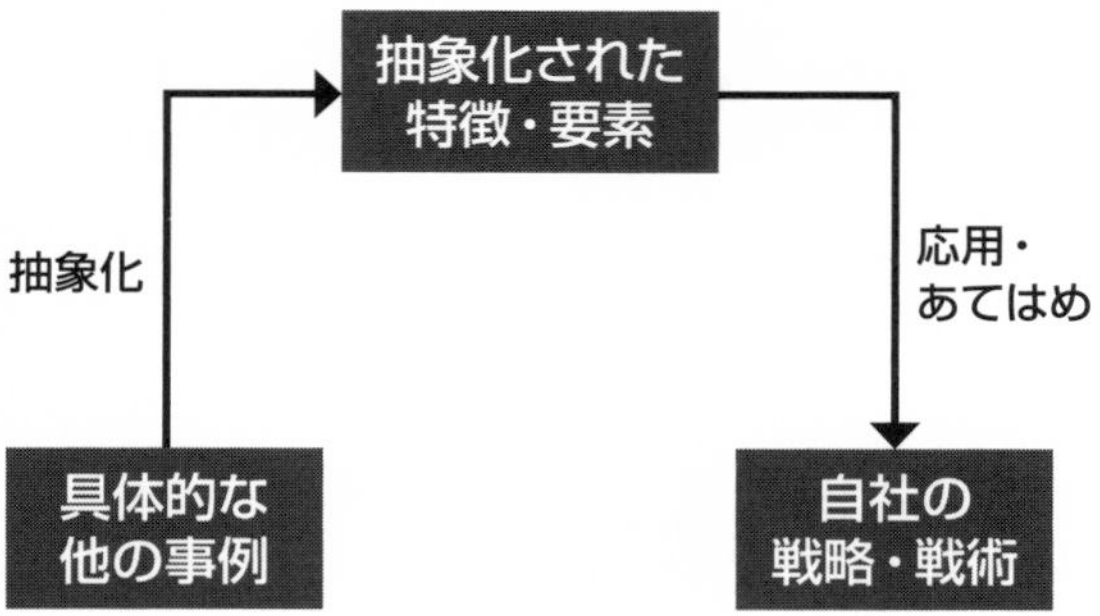

ョンを考えることができるようになります。

## 戦略ロードマップは未来へのバトン

「戦略ロードマップ」という言葉を聞いたことがあるでしょうか?

ロードマップとは、日本語に訳すと、道路地図です。戦略ロードマップとは、目標までの道のりを示した、企業経営、事業運営における道路地図の役割を果たすものです。

長期的な戦略になればなるほど、途中で目標そのものが忘れ去られてしまい、結果として戦略が曖昧になり、道半《なか》ばであきらめてしまう、ということが起こってしまいます。そうならないために、**戦略策定時にロードマップを作成し、それを受け継いでいくことで、目標実現につなげる。**これが戦略ロードマップの役割です。いわば、未来へのバトンともいえます。

ここでは、戦略ロードマップの役割と、その作成方法について、検討してみたいと思います。

【演習問題】

次にあげるのは、リクルートのホットペッパー事業の戦略です。ホットペッパーは、クーポンマガジンの先駆《さきが》けとして創刊され、その後、急成長をとげたメディアとして知名度が高いものです。誰もが一度は、目にしたり、使用したりしたことがあるでしょう。

「まずは飲食コンテンツに集中する。半径2キロのコア商圏で、NTTデータの飲食件数のうち15%を獲得すれば、読者のマインドシェアを獲得できて、流通段階でみんなが自ら喜んで手にとって持ち帰るインフラができる。その流通インフラが確立できれば、一気に効果のある媒体になれる。その後に美容室、キレイ、スクール、リラクゼーション、ショッピングなどのコンテンツに展開を拡大する。そして、街の生活情報誌になる。そのために、半径2キロにある街の飲食コア商圏内の飲食店へ、特に居酒屋へ営業に行く。1/9スペースを3回連続で受注する。1人1日20件の訪問を実行する」

平尾勇司著『Hot Pepper ミラクル・ストーリー』(東洋経済新報社)より

この戦略には、ロードマップの要素が含まれています。それは、どこでしょうか？

まず注目してほしいのが、文章の中で使用されている**接続詞**です。

「まずは……」から始まり、「その後に……」という展開を示し、「そして……」で達成される状態が示されます。最後に、「そのために……」と、まず何をやるのかが改めて示されています。

これを図式化すると、図表５-６のように表されます。

このように、戦略の展開を３段階程度に分け、具体的に何をするのか、そうしたらどうなるのか、ということを示すことで、わかりやすく戦略を表現しています。

また、「居酒屋へ営業に行く。……１人１日20件の訪問を実行する」という言葉で最後を締めくくることで、「まずはここ！」ということを強調し、読み手の記憶と印象に強く

**図表5-6 リクルート「ホットペッパー」の戦略ロードマップ**

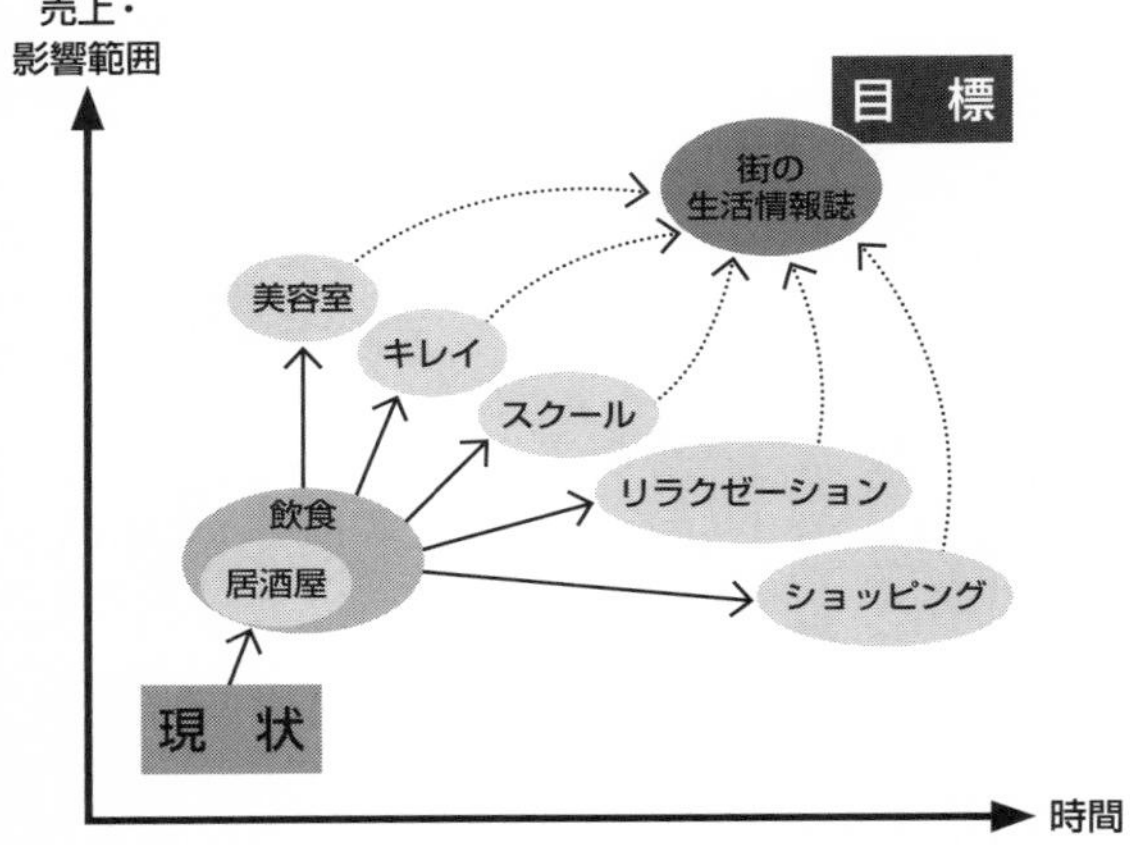


206ページの内容をもとに著者作成

残るように工夫しています。

一般的に、中長期的な戦略を示すと、**「まず、何から始めればいいのか」**という点が曖昧になる傾向がありますが、それを防いでいるのです。

他にも、「半径2キロ」「15%のシェア」などと、行動範囲と目標が**数値でしっかりと示されている**ことも特徴です。曖昧さを排除し、現場が判断や行動をしやすくする工夫です。

このように、この戦略は、読み手の立場、心理、行動を十分に踏まえて、次の3点が理解できるように書かれたものであることが伝わります。

**●何のための戦略か（目的）**
**●何を達成するのか（目標）**
**●まず何をやるのか。その次に何をやるのか（戦略）**

この三つが端的《たんてき》に読み手に伝わる言葉で表現されていることが大切です。それができて初めて現場の行動が生まれるのです。

では、もう一つ、演習問題です。

**【演習問題】**
ホットペッパーは最終的に街の生活情報誌を目指しているわけですが、その取っ掛かりとして、まず「居酒屋」をターゲットにしました。その理由は何でしょうか？

ここからの解説には推測も含みますが、居酒屋という業態の特性や、街の中での位置付けを考えれば、なぜ居酒屋が最初のターゲットに選ばれたのか、納得がいくと思います。

居酒屋の特徴をいくつかあげてみましょう。

●街の憩《いこ》いの場
●いろんな業種、職種の人が集まる
●複数人で訪れる業態
●お店同士が隣り合わせで競い合っている
●価格に影響を受ける側面が強い
●営業時間が昼と夜に限られている
●街の中心部に集中している

これらの特徴を踏まえると、戦略を展開していくうえで、最初に居酒屋をターゲットにしたことがとても理に適《かな》っていることがわかります。

それは、次の三つの言葉で表すことができます。

●ペネトレーション（浸透）効果
●顧客の競争環境
●営業活動のしやすさ

一つ目の「ペネトレーション効果」とは、同じリソースを投入する場合、早く浸透しやすいところに投入するほうが効率がいいという考え方です。

居酒屋は、先にあげたように、街の憩いの場であり、業種や職種を超えた人たちが複数人で集まるということを考えると、そこでクーポンの認知度が高まり、利用する習慣がつくことは、エリア全体にクーポンが浸透するのを早めることにつながります。居酒屋を超えるペネトレーション効果の高い他の業態というと、なかなか思いつきません。このことから、居酒屋はペネトレーション効果の高いターゲットだといえると思います。

また、居酒屋同士は隣り合わせで存在し、価格も含め、常に競い合っている環境にあります。そうした環境下だと、クーポンを利用するお店が登場すると、他のお店も関心を示しやすい。すると、利用が増えれば増えるほど、相乗効果で急速に広まっていくことになります。

このように、競争環境の激しい市場をターゲットにすることは、市場への浸透、利用率の向上につながりやすいと考えられます。

これが、二つ目の「顧客の競争環境」です。

居酒屋は、昼と夜に営業をし、その他の時間は仕込みにあてています。もちろん、仕込み中も忙しくされているのですが、その分、あまり時間を割かず、10~15分程度の立ち話の営業活動をするには向いているというメリットがあります。

また、街の中心に集中していること、扱う商材が誰でも馴染《なじ》みのある飲食物であることも、営業担当者の負担を比較的少なくし、多くの人が営業活動に参加しやすいという特徴を備えています。こうしたことも、市場への浸透を早めた一つの要因として考えられます。

これが、三つ目の「営業活動のしやすさ」です。

戦略を「描いて終わり」にしないためにも、**最初のアクション、最初のターゲットにこだわることがとても大切**です。最初で弾《はず》みがつけば、その後の展開に移りやすいでしょう。

ホットペッパーが最初のターゲットに居酒屋を設定した理由を3点あげましたが、一言《ひとこと》でいうと、「現場の努力だけに依存しない戦略」ということになります。第3章で解説したように、現場の努力に依存しすぎないシナリオを描くことが、戦略を、そして、戦略ロードマップを歩みやすくする工夫となります。

## 改めて、戦略的思考とは？

いよいよ最後の項になります。

ここでは、改めて、戦略的思考とは何か、考えてみたいと思います。

【演習問題】
●改めて、戦略的思考とは何だと思いますか？
●どうして戦略的思考が必要なのでしょうか？
●反対に、戦略的ではない状態は、どのように表現することが適切でしょうか？

この三つの問いに、すんなりと、自分の言葉で回答できるでしょうか？

著者の立場からは、ここまで読み進めてきたあなたが、自信とともに自分なりの解釈を持たれていることを願っていますが、もう一度考えてみましょう。

まず、一つ目の問い、「戦略的思考とは何か」ですが、これは、

**目標を実現し、納得のいく結果を得るためのシナリオを思考すること**

です。

この戦略的思考が欠如《けつじょ》している場合、次のような症状が現れます。

①目的・目標が曖昧
②目標の実現ではなく、目の前の問題解決を起点に思考している
③現状認識が不足
④目標と現状のギャップを正確に把握できていない
⑤戦略が目標到達までのシナリオになっていない（部分にとどまっている）
⑥戦略の前提となる分析（特に市場・競合についての分析）が不足している
⑦「戦わずして勝つ」という視点に欠けている（努力に依存気味）
⑧戦略のクリティカルな検証ができていない
⑨複数の戦略オプションから戦略が選択されていない
⑩段階的な戦略ロードマップが描けていない

……

反対に、戦略的思考を実践できていると、次のようになります。

①目的・目標が明確
②目標の実現を起点に思考がなされている
③現状認識が正確に行えている
④目標と現状のギャップを正確に把握できている
⑤戦略が目標到達までのシナリオになっている
⑥戦略の前提となる分析(特に市場・競合についての分析)が十分に行えている
⑦「戦わずして勝つ」という視点を備えている(努力に依存しすぎない)
⑧戦略の検証がクリティカルに行われている
⑨複数の戦略オプションから戦略が選択されている
⑩段階的な戦略ロードマップが描けている
……

自分自身や自組織にあてはめてみると、どこができていて、どこが不足しているでしょうか？　常に状況を把握し、改善につなげるアクションをとることが求められます。

では、二つ目の問いに移ります。

こうした戦略的思考は、なぜ必要とされるのでしょうか？

それは、**目的と、実現したい目標があるから**です。

そして、**それを実現するうえで必要なリソースが不足しているから**です。

あなたは、組織の一員、または個人事業主、起業家、人生の主人公など、それぞれの立場で、どのような目的を軸に、日々、時間を費やしているでしょうか。そして、どのような目標を置いているでしょうか。

戦略的に思考することは、目的や目標を実現することへの強いこだわりが起点となります。そのこだわりの強さに応じて、戦略的思考の必要性が高まっていきます。

目的や目標というと、仰々《ぎょうぎょう》しく、小難しく聞こえるかもしれませんが、「やりたいこと」「なりたい姿」ぐらいに考えるといいのではないかと思います。

もちろん、風に吹かれるように生活したいという気持ちも理解できますし、私自身、そのような生き方に憧《あこが》れを抱いている部分もあります。

なので、使い分けが必要です。

もし、あなたが何かを実現したいと考える機会を得たら、ぜひ、本書で解説をした戦略的思考をヒントにしてみてはいかがでしょうか。

一方で、もしそうした立場にいないのであれば、戦略的思考を駆使して目標を実現しようとしている人を応援する側にまわってはどうでしょうか。そうした人を応援し、支援する立場を選ぶことも一つの選択肢だと思います。

その際、戦略的なアドバイスをしたり、コーチングをしたりすることに本書を役立てていただくことも可能です。

このように、戦略的思考の必要性は人それぞれです。

しかしながら、企業という枠組みで考えるならば、企業は成長を前提として成り立つ存在である以上、目的や目標を明確にして、限りあるリソースの中で、戦略的に思考し、行動することが求められるということは、理解しておく必要があると思います。

最後に、三つ目の問いについてです。

「戦略的ではない状態は、どのように表現するのが適切でしょうか？」

これについては、多くの解釈や表現の方法があると思います。その中で私が最も的確だと考える表現は、「短絡的」というものです。

**戦略的の反対は短絡的、**と考えてみてはどうでしょうか。

短絡的な思考とは、

●思いつきのアイデアをただ実行する
●目標への到達を考えないまま思考する
●十分な検証がないまま思考する
●人にいわれたことを自分の考えに置き換えずに取り入れる

といったものです。

反対に、戦略的思考は、

- 目的や目標を踏まえ、じっくりと考えたアイデアを実行する
- 目標への到達を前提に考え抜く
- 十分な検証を繰り返しながら思考する
- 人にいわれたことを参考にしつつも、自分の頭で考え抜く

といった意味合いを含んでいると解釈します。

自らの思考が短絡的な状態になっていないか、戦略的に考え直すとどうなるのか、といった自問自答を繰り返すことで、戦略的思考が磨かれます。

**戦略的に思考する経験を重ねることは、思考だけでなく、心も強くします。**

世の中には、あらゆる問題や課題が転がっています。

「もし自分だったら、どのようにシナリオを描くか」
「もし自分だったら、どのようにこの目標を実現に導くか」

こうした問いを置くことで、戦略的思考を日々の生活の中でトレーニングすることも可能です。

ただし、トレーニングは、「コツ」がわかったうえで行ったほうが効果が高い。本書の役割は、そのトレーニングを重ねるあなたに、ちょっとしたコツをお伝えするものです。

ここまで読んでくださってありがとうございました。少しでもヒントとして役立ててもらえる存在になれば、とても嬉しく思います。

PHP
Business Shinsho

三坂　健（みさか・けん）

ビジネスコンサルタント。株式会社HRインスティテュート代表取締役

1977年、兵庫県生まれ。慶應義塾大学経済学部卒業後、安田火災海上保険株式会社（現・損害保険ジャパン株式会社）にて法人営業などに携わる。退社後、HRインスティテュートに参画。2020年1月より現職。企業向けの経営コンサルティングを中心に、組織・人材開発、新規事業開発など、様々な支援を行っている。また、各自治体の教育委員会、国立高等専門学校における指導・学習支援にも積極的に関わっている。

◆株式会社HRインスティテュート
https://www.hri-japan.co.jp/

「主体性を挽き出す」というミッションのもと、理論偏重ではない実践型のワークアウト（プロセスコンサルティング）やノウハウ・ドゥハウ（研修）を軸に、組織・人材を支援するコンサルティング会社。1993年の創業以来、支援実績数は累計4,500社以上、年間で300社を超える。

〜未来に向けて取り組む人を応援するメディアにて
　情報発信しています〜
オウンドメディア　『ミライイ』
https://www.hrpro.co.jp/miraii/

PHPビジネス新書 431

戦略的思考トレーニング
目標実現力が飛躍的にアップする37問

2021年12月2日　第1版第1刷発行

著　　者　三坂　健
発 行 者　永田貴之
発 行 所　株式会社PHP研究所
東京本部　〒135-8137　江東区豊洲5-6-52
第二制作部　☎03-3520-9619(編集)
普及部　☎03-3520-9630(販売)
京都本部　〒601-8411　京都市南区西九条北ノ内町11
PHP INTERFACE　https://www.php.co.jp/
装　　幀　齋藤　稔(株式会社ジーラム)
組　　版　株式会社ウエル・プランニング
印 刷 所　株式会社光邦
製 本 所　東京美術紙工協業組合


ISBN 978-4-569-85077-1

## 「ＰＨＰビジネス新書」発刊にあたって

わからないことがあったら「インターネット」で何でも一発で調べられる時代。本という形でビジネスの知識を提供することに何の意味があるのか……その一つの答えとして「**血の通った実務書**」というコンセプトを提案させていただくのが本シリーズです。

経営知識やスキルといった、誰が語っても同じに思えるものでも、ビジネス界の第一線で活躍する人の語る言葉には、独特の迫力があります。そんな、「**現場を知る人が本音で語る**」知識を、ビジネスのあらゆる分野においてご提供していきたいと思っております。

本シリーズのシンボルマークは、理屈よりも実用性を重んじた古代ローマ人のイメージです。彼らが残した知識のように、本書の内容が永きにわたって皆様のビジネスのお役に立ち続けることを願っております。

二〇〇六年四月

ＰＨＰ研究所